新电商精英系列教程

内容营销

图文、短视频与直播运营

阿里巴巴商学院　编著

电子工业出版社
Publishing House of Electronics Industry
北京·BEIJING

内容简介

"电商精英系列教程"自从2011年问世以来，随着电子商务大潮在国内的兴起，成为全国范围内颇具影响力的电子商务系列教程，是几代电商人和院校学员学习的"绿色记忆"。2016年，电子工业出版社推出丛书升级版本"新电商精英系列教程"。这两套丛书累计销售100多万册，并且两次荣获电子工业出版社最佳品牌奖。

2019年，"新电商精英系列教程"升级版问世！本套书均配有PPT课件，由阿里巴巴商学院召集多位优秀电商讲师和电商领域的专家学者编写，吸取了旧版丛书的经验，对于主流电子商务知识进行了更加细致、合理的规划设计，更符合新时期读者的知识需求。除升级原有的《网店客服》《网店美工》《网店推广》《数据化营销》《电商运营》五本书外，还新增了《内容营销：图文、短视频与直播运营》《跨境电商运营实务：跨境营销、物流与多平台实践》两本书。

《内容营销：图文、短视频与直播运营》包括内容营销应用、电商直播运营、短视频运营、图文营销等内容。最后一章还讲解了整合营销，讲解如何将以上几种内容营销手段合理化结合应用。本书可作为各类院校电子商务及相关专业的教材，也可作为网络创业者和电子商务从业人员的参考用书。

图书在版编目（CIP）数据

内容营销：图文、短视频与直播运营 / 阿里巴巴商学院编著. —北京：电子工业出版社，2019.8
新电商精英系列教程
ISBN 978-7-121-36614-7

Ⅰ.①内… Ⅱ.①阿… Ⅲ.①网络营销—教材 Ⅳ.①F713.365.2

中国版本图书馆CIP数据核字（2019）第098550号

责任编辑：张彦红
印　　刷：中国电影出版社印刷厂
装　　订：中国电影出版社印刷厂
出版发行：电子工业出版社
　　　　　北京市海淀区万寿路173信箱　　邮编：100036
开　　本：787×980　1/16　印张：12　字数：243.8千字
版　　次：2019年8月第1版
印　　次：2019年8月第1次印刷
印　　数：4000册　定价：79.00元

《新电商精英系列教程》编写委员会

组织单位：阿里巴巴商学院

主　　任：章剑林　阿里巴巴商学院 执行院长、教授

副 主 任：范志刚　阿里巴巴商学院 博士、副教授

委　　员：刘　闯　阿里巴巴商学院 博士、副教授

　　　　　沈千里　阿里巴巴商学院 博士、讲师

　　　　　项杨雪　阿里巴巴商学院 博士、讲师

　　　　　潘洪刚　阿里巴巴商学院 博士、讲师

　　　　　赵子溢　阿里巴巴商学院 博士、讲师

　　　　　章仲乐　阿里巴巴商学院 实验师

企业专家组成员：

陈林、李文渊、王鹏、辛嘉波、许途量、徐云、俞琦斌、叶正课

序

‒‒‒‒‒‒‒‒‒‒‒‒‒‒‒‒‒‒

电子商务是一个充满魅力、不断演化扩张的新世界。随着消费者购买力的增强、社交媒体用户的激增、信息基础设施和技术的不断进步,过去20余年中国电子商务经历了从"工具"(点)、"渠道"(线)、"基础设施"(面)到"电商经济体"不断扩展和深化的发展阶段,并取得了举世瞩目的成就。根据商务部的数据,2018年全国网上零售额突破9万亿元,对社会消费品零售总额增长的贡献率达到45.2%,直接或间接带动就业超过4000万人,毋庸置疑,电子商务已成为中国经济社会转型发展的重要行业。

以互联网技术为核心的电子商务是一个发展迅速、创新层出不穷的行业。新技术变革、新模式涌现、新市场创造带来了巨大的商业机会和无穷的想象空间。从技术的角度来看,大数据、云计算、人工智能、虚拟现实等技术的快速发展,为电子商务创造了丰富的应用场景;而新技术的应用催生营销模式不断创新,从而驱动新一轮电子商务产业创新。以创新O2O、新零售为典型的新商业模式应运而生,数据驱动、网络协同、客户体验等成为电子商务2.0时代的核心要素,智能商业时代俨然已经开启。从区域的角度来看,各大电商争夺的"主战场"已悄然从一二线城市延伸到三四线城市,从国内市场逐渐向东南亚、非洲、中东等新兴电商市场转移,县域电商、跨境电商成为新的风口。诚然,这些新变化发生的同时,对覆盖全球经济的电商生态体系各类参与方也提出了更高的要求。

其中,最为突出的是电商人才如何支撑匹配行业发展的问题,这个问题已经成为各地发展电子商务的瓶颈。从需求端来看,电商行业发展相对落后地区的电商转型都面临着电子商务人才严重匮乏的窘境。在校电子商务专业的学生虽然掌握了一定的电子商务理论知识,但在实际操作和应用层面并无足够的解决问题的实际能力。而从业人员在实践当中积累的知识往往过于零散化和片段化,缺乏系统性和前瞻性,限制了其能力的进一步提升。从供给端来看,国内现有电商相关专业学生及电商从业者的学习内容难以与时俱进,以工业时代理念、模式、机制和体制培养人才的一整套传统的教育体系,也越来越不能适应新经济时代下对人才的巨大且崭新的知识要求。

　　阿里巴巴商学院对创新创业型电子商务人才培养的探索与实践从未停止，教育部高等学校电子商务类专业教学指导委员会在过去的数年中更是开展了大量有意义的工作，在电商人才培养的总体目标、专业素质构成、培训体系设置、产教融合拓展等方面提出了诸多宝贵建议。本人作为教育部高等学校电子商务类专业教学指导委员会的一员，参与和见证了国内电子商务人才培养的改革与创新，深知要在互联网发展日新月异的情境下保持相应电子商务知识内容体系的先进性是一个非常艰巨的挑战。

　　多年来，阿里巴巴商学院为适应不断变化和升级的新经济时代需求，在创新型人才尤其是电子商务领域人才的教育、培训和教材建设方面做了大量卓有成效的工作，为行业和社会各界输送了成千上万的高素质电子商务人才。此次聚焦了数十位国内著名的实践派专家，面向数字经济时代发生的新变化、新需求，升级了"新电商精英系列教程"，这是对电子商务人才培育实践工作的有益探索。同时，本丛书也是杭州市重点哲社基地"电子商务与网络经济研究中心"的专题成果，亦能从理论层面为促进电子商务行业发展发挥积极的作用。

章剑林

阿里巴巴商学院执行院长

教育部高等学校电子商务类专业教学指导委员会副主任

2019 年 4 月于杭州

前　言

　　"电商精英系列教程"自从 2011 年问世以来，伴随电子商务大潮在国内的兴起，成为全国范围内颇具影响力的电子商务系列教程，是几代电商人和院校学员学习的"绿色记忆"。2016年，电子工业出版社推出丛书升级版本——"新电商精英系列教程"。这两套系列丛书，累计销售 100 多万册，并且两次荣获电子工业出版社最佳品牌奖。2019 年，"新电商精英系列教程"升级版问世！

　　实践总是超前于理论的发展，系统地学习时必须要对来自实践的知识进行梳理与总结。阿里巴巴商学院发起此轮修订工作，召集多位活跃在电商一线的资深创业者、优秀卖家及电子商务领域的专家、学者共同参与编写。本丛书立足于"帮助打造一批能适应新技术和新模式快速涌现的电商实操性人才"，吸取了旧版丛书的经验，对主流电子商务知识进行了更加细致、合理的规划设计，更符合新时期读者的知识需求。除升级原有的《网店客服》《网店美工》《网店推广》《数据化营销》《电商运营》五本书外，还新增了《内容营销：图文、短视频与直播运营》《跨境电商运营实务：跨境营销、物流与多平台实践》两本书，各书均配有 PPT 课件。

　　本轮修订体现了以下几个新的特点。

　　第一，知识体系更契合前沿，更加符合移动互联网时代及全球化电商运营的现实场景，能为电商从业人员提供更系统化的基础知识。

　　第二，产教融合更加突出。丛书邀请在实操层面有丰富经验的电商企业家和创业者作为写作团队，同时邀请来自教育部高等学校电子商务类专业教学指导委员会的专家、高等院校的一线教师参与到图书内容的创作与完善当中，既保证了图书内容的切实指导性和可操作性，也保证了图书内容的逻辑性和条理性。

　　第三，学习使用更加便利。编写团队在创作初期便充分考虑如何让升级版教材既适合市场零售读者阅读，又能够更广泛地应用到高等院校中。因此，本套丛书根据对高校学生培养的特点做了相关设计，如在大部分章节安排有练习题，每本书都配有 PPT 课件等。

　　《内容营销：图文、短视频与直播运营》是本轮升级版教材的重要组成部分，全书共分 5 章，其中第 1 章由徐云编写，主要内容是内容营销的发展、类型分析和现实的应用；第 2 章由何秋鸣编写，主要内容是内容营销中最为火热的直播，帮助读者了解如何成为直播达人中的一员；第 3 章由樊永福编写，主要内容是目前淘宝权重非常高的短视频，从最实用的主图短视频入手，到如何利用短视频"种草"结束，助力读者成长为一个短视频高手；第 4 章由杨志远、徐云共同编写，主要内容是内容营销中应用最为广泛的图文营销，包括站内站外的营销手法，从淘宝首页各种流量入口到商家后台的微淘，力求让读者成为一个图文营销的专家；第 5 章由徐云编写，主要内容是整合营销。此外，崔鹏也为本书做出了贡献。

内容营销是目前电子商务营销手段中，最新鲜热门，最可能创造以小博大的奇迹，参与门槛也较低的营销手段。它以内容产出为根本，引发用户关注，从而构筑庞大的粉丝体系，最终带动销售。本书从内容营销的分类开始讲起，对电子商务中最为常见且有效的直播、短视频、图文营销有着系统而深入的梳理。通过本书的学习，读者可以快速、有效地提升内容运营这一块的工作技能，成为内容营销的达人或者是具备内容营销专业能力的电商运营者。

本书凝聚了诸多优秀电商商家的智慧与心血，编写工作得到了教育部高等学校电子商务类专业教学指导委会员的多位领导和专家的关心和支持，部分素材、数据参考了阿里巴巴商学院等机构及相关网站信息，在此一并表示感谢！

由于电商行业发展日新月异，编写组水平也有所限，书中难免有不当之处，敬请广大读者批评指正。

目 录

第1章

概述

本章要点：
- 内容营销概述
- 内容营销的定义和作用

1.1 内容营销概述

内容营销是一种复杂多样、历史久远的销售推广方式，而说起在互联网上做内容营销，就不得不先提一嘴互联网的历史。

人与人之间第一次通过"互联网"进行较大规模的信息交换，是 1984 年美国成立的一个BBS，这个论坛名为惠多网（FidoNet）。当时这个论坛的模式非常简单，靠一根电话线，用户之间只能以点对点的方式转发信件。七年后惠多网进入中国开了站点，取名为"长城"。而这个长城论坛的"小虾米用户"中就有在现今互联网浩荡江湖中的大佬马化腾、求伯君、丁磊等人。

互联网有着明确的发展起点。与之相比，内容营销首次出现的时间已不可考证，毕竟就内容营销的形式来说，它可能承载在一本手抄书上；可能在街头巷尾特意扩散出去的平民百姓的聊天中；也有可能承载在说唱艺人有节律的快板里。而无论是话本的"记载"，还是快板"段子"，还是百姓嘴里互相唠嗑时说起的"饮酒讲究"，这些形式的最终目的也许只是为了销售京城某酒楼酿卖的黄酒——这就是古时的内容营销。

内容营销走到中国互联网媒介之上，起始于论坛 BBS 里的介绍贴。而 1998 年 11 月有了QICQ 这一网络通信工具以后，陌生人之间更容易结成固定的通信关系，人与人结盟的范围更加宽阔，为内容营销的传递打下了坚实的人群基础。2009 年微博成立，以共同关注兴趣为黏合剂，解决了人群的聚集问题。2011 年腾讯的微信又在 QQ 的基础上更进一步将熟悉人群做了高黏度的整合。内容营销在互联网的传播，由单方面发布延伸到人与人之间互相传递，扩展为以兴趣为核心传播和以人际关系为核心传播。

2013 年 4 月下旬，淘宝购物平台在新版手机淘宝客户端 App 上新开了一个重要新武器——微淘，这一内置的鼓励商家发布原创内容板块的开辟，意味着中国互联网第一产品销售渠道开始正式推动内容营销。正式宣告内容营销推广产品方式的重要性，与淘宝内传统的竞价广告有了一争之力，成为引入流量板块中不可小视的力量。

2016 年 3 月，淘宝直播开始运营，同年 4 月 21 日，在 papi 酱的拍卖活动中，有 50 万人通过淘宝直播这个平台围观了该次活动，这是淘宝直播一次闪亮登场的"吸睛秀"。2018 年，10 月，有主播达人在直播的 5 个小时中，单人带动的活动商品成交金额达到 1.5 亿元，直接证明了直播平台作为内容营销中的一个板块，在产品销售上的巨大商业能力。

1.2 内容营销的定义和作用

内容营销的力量这么大，那么到底什么是内容营销？它有哪些作用呢？

内容营销，指围绕企业相关或产品销售相关的包括图片、文字、影像等一切介质的内容创作，对相关用户进行有价值的信息传播，从而实现营销的目的。内容营销与传统营销一样，依附的载体广阔，可以在企业的 LOGO（VI）、画册、网站、广告上，甚至是在 T 恤、纸杯、手提袋等载体上创作体现，不同的载体，传递的介质各有不同。

内容营销的平台几乎包含了目前能介入的所有的表现形式。简单通俗的解释就是：内容营销是一种销售的策略。对于这个策略的实施，可能会用到我们所知的任何一个媒介渠道和平台。而作为"销售"这个事件来说，并不是单纯的"博君一笑"，而是最终要有可见可衡量的盈利结果。

内容的创作变现形式可以是社交媒体的软文、新闻稿、音频、视频，也可以是严谨的在线教学、电视广播、幻灯片、研讨会、App、游戏等。相比古人通过话本、小曲来传播卖货，现代的内容营销借助互联网有着传播速度更快，更容易形成爆炸式传播的特点。

1.2.1 内容营销的作用

1．销售业绩的黄金撬板

淘宝近期一场数据被确切记录的内容营销，是"双 11"预演直播活动。淘宝直播举办的这一场"秋冬大赏"活动，有 300 多名淘宝主播一起亮相，而"带货力"最终定格在 4.95 亿元这个数字上。其中，排名最高的主播，单场直播成交金额达到了惊人的 1.5 亿元。如图 1-1 与图 1-2 为当时直播的数据盛况。

2．新人群的引入带动新需求

对于传统销售模式来说，传统销售已进入惯性的死循环。而内容营销借助互联网的影响力、灵活性，带给传统行业新的生命力。

蒋凡（笔者写作时，为淘宝总裁）在 2018 年的阿里巴巴投资者大会上就以珠宝行业的发展举例子："珠宝行业在过去很多年里，已经是一个非常成熟稳定的市场。但自从淘宝在过去两年通过直播、微淘等方式介入后，这个市场又重新开始进入高速发展期。"

我国最大的翡翠加工基地在广东四会，每年吸引着基本已形成固定群体的玉石商人慕名而至。而今在四会的万兴隆玉器市场内还能看到玉石商人呈现出另一番景象，每天 800 多场的直播，场面风生水起。过往，原材料价格上涨，加之销售人群过于固定单一，导致玉石的市场整体形势不佳。淘宝直播的出现，吸引了更多人群关注，可以说是缓解玉器市场下滑颓势的最佳手段之一。

随着消费者了解产品多样性的渠道越来越多，内容化、社群化便走上历史舞台，单一推广、砸钱买曝光做爆款的时代已经过去，用户更加追求趣味性，个性化，真实感，更倾向购买自己喜欢的东西，而非买到好的商品。

图 1-1 "双 11" 备战

图 1-2 最带货主播排行

1.2.2 内容营销的介质

内容营销的表现形式是多样的，而内容营销的载体在互联网时代也同样具备了多样性，甚至因社会的发展而更加多变。

1．以载体属性区分

内容营销按平台的属性大致可以分为：传统媒体（报刊、户外、通信、广播、电视）和自媒体（博客、微博、微信、百度官方贴吧、论坛/BBS 等网络社区）这两大类型。

2．以载体的固有传播特点区分

以产品销售为直接目的，首推附着于淘宝网这个大载体上的图文内容、视频、直播等内容。

截至 2018 年 12 月，月销售额超过 50 万元的主播超过 5000 人，占总主播的 10%，其中 1% 的主播，月销售额超过 500 万元。淘宝平台每天有 3 亿~5 亿元的销售额来源于直播，每年有 1460 亿元来源于直播渠道，占 GMV（成交总额）的 4%。

以娱乐性为黏度形成爆发式推广的，在微博、抖音、秒拍等媒介上运作更为合适。

2017 年年末，小米商城创作的创意广告在微博上通过当红达人播出，视频的主题是《挑剔的妈妈》。初看标题想不到竟植入了小米广告。视频中打出了"妈妈的唠叨"这样一张温情牌，视频主一人演绎了"拧巴的别人家小孩"和"宇宙无敌唠叨上海妈妈"两种不同人格，演绎了"遭遇挑剔妈妈无懈可击的围剿大戏"。网友表示产生了共鸣："同一个世界，同一个妈妈！"一时间话题热议，传播迅猛，搜索观看量飞速攀升。随后视频主发出"小米都知道感恩，真是生你不如生叉烧，养你不如养小米！"这样的金句，连雷军也转发了此条微博回复到：就是一个大写的服！

与此同时，短短 24 小时内小米商城就被情绪澎湃的网友挤爆了，12 月 19 日凌晨，由于人气过旺甚至出现了服务器不可用的状态。图 1-3 即为当时的情况。

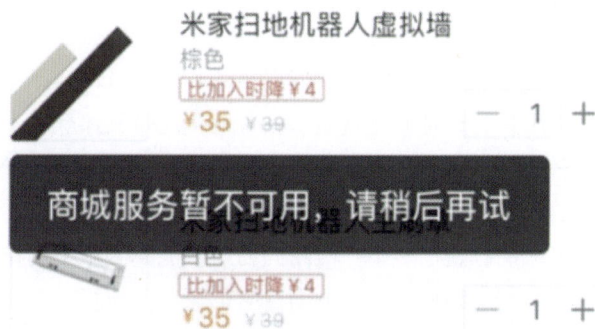

图 1-3 小米"瘫痪"的截图

以好友作为固定人群推广的，对于腾讯旗下的 QQ、微信来说更为擅长。在微信上大家一定看过不少朋友圈里有人发布分享的"有用的知识"，有不少"分享"里就涵盖着内容营销的内容。

常见的传播类型有排名营销和知识营销两种。

我们先说说排名营销。数据研究表明，品牌排行榜是影响（诱导）优质消费者的最佳途径。排名的花样设计有很多种，只要有心总有一款适合你。

行业知名企业适合以品牌实力、企业资质、产品总销量为主的排名营销。

作为淘品牌和潜力企业适合以产品功效、单个产品销量、产品口碑为主的排名营销。

新产品和新品牌适合以产品特色、趣味展示、产品创新为主的排名营销。

有能力通过大数据排名作为背书的企业可以通过权威媒体渠道发布，可以为产品提升权威性与可行度，有利于产品的推广传播。

另外还可以将排名在相应地方曝光发布，以达到针对性营销的作用。比如我们通过百度搜索"电热水器"，就可以看到无数个装修网发布的十大电热水器品牌，随便翻翻又能看到某家电销售平台发布的"2018 年新十大"热水器排名，甚至还可以看到百度里的问答中，有人咨询热水器相关知识的时候，就有"热心"的专家贴上热水器各种排名，如图 1-4 所示。

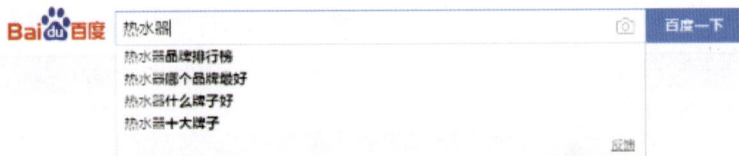

中国十大**电热水器品牌**是什么？_百度知道

9个回答 - 回答时间: 2018年5月18日 - 265人觉得有用
最佳答案: **电热水器排名**前十.海尔Haier 海尔电器集团有限公司,家电十大**品牌**,创立于1984年,
全球领先的整套家电解决方案提供商,以生产冰箱起步的家用电器企业集团。 电...
更多关于热水器品牌排行榜的问题>>
https://zhidao.baidu.com/quest... ▾ - 百度快照

2019**电热水器**十大产品排行榜_**电热水器品牌排行榜**___太平洋家居网

电热水器产品排行 品牌产品品牌名称品牌LOGO 1 四季沐歌太阳能热水器O1系列 6人喜欢过 1
人用过 四季沐歌 2 A.O.史密斯空气能热水器HPA-50D1.0A 9人喜欢...
https://product.pchouse.com.cn... ▾ - 百度快照

图 1-4 在百度引擎搜索"电热水器"的结果

这样的手段，让精准用户无论是通过搜索工具了解，还是具体登入了相关的网站平台，都能对症地了解到品牌排名、实力展示，从而达到品牌影响推广、销售推荐"润物细无声"的目的。

再来看看最为常见的内容营销——知识营销。

知识营销对于专家形象的打造，对于"吸粉固粉"都能起到积极的作用。一方面解答消费者和潜在用户的认知困惑，增加黏性，另一方面树立形象，迅速提升企业口碑。比如海尔净水过滤器的营销要点：打造一个对于饮水有较高追求，并且会给用户以专业意见的专家形象，如图 1-5 所示。

图 1-5 海尔净水商城百家号截图

专家除了和大家沟通饮水养生等知识以外，还会时不时发布介绍关于纯净水过滤机的各种知识。比如不同形式过滤的优缺点，让大家了解纯净水产品的工作原理，从而帮助用户做出最为合适的选择，如图 1-6 所示。

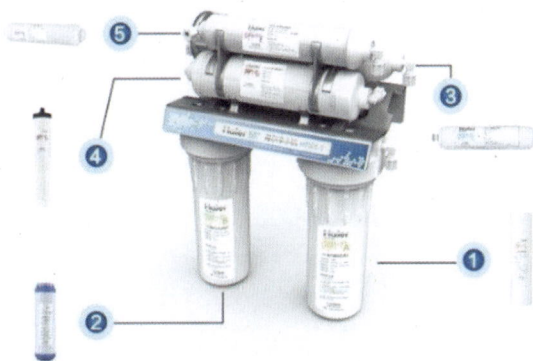

图 1-6 海尔净水商城推文

当然，大家都心领神会，任何产品都有其优缺点，而内容的发布一定是相对倾向强化优点的。内容的发布和传递，让消费者有机会了解产品并对这个产品有所认可，最终实现产生购买的结果。

问题思考

1. 淘宝上开店的商家想做内容营销，有哪些地方可以做？

答：内容营销的介质是广泛而全面的，并不仅限于淘宝上的一些营销平台。从传播方式考虑，首先可以从自己比较有优势的地方做内容营销。比如朋友圈中添加的好友数量多，可以从微信平台先入手往淘宝上引流。如果原本在微博上有一定的粉丝群体，也可以从微博上编辑内容做宣传。

2. 小王在乡里的市场批发零售衣服，她自己每天在朋友圈穿着自己的衣服晒自拍视频秀，是否算内容营销？

答：自拍晒朋友圈并不算是内容营销，但有目的地自拍晒朋友圈，并有相应的配合销售的行为，属于内容营销。比如"新到进口货，一共就 3 件，价格 ×××""羊绒含量高达 90% 的好面料，每件 ×××""2019 年流行大翻领，上身即显瘦 10 斤，晒朋友圈优惠 20 元"等。

第2章

直播

本章要点：
- 了解直播
- 设计直播环境
- 如何做好电商直播
- 玩转淘宝直播
- 淘宝商家与第三方进行直播合作
- 抖音电商直播平台

2.1　了解直播

2.1.1　电商直播呈现出爆发趋势

当深圳的投资人在疯狂"砸钱"，当广州的供应链负责人在全渠道铺货，当杭州的运营者在绞尽脑汁优化直通车和钻展时，一种具有突破性的新营销形式——直播，正在以其巨大的优势，呈现出爆发性增长的趋势。直播曾经停留在"喊麦""游戏""低俗段子"等泛娱乐化的阶段，但随着内容营销的发展，直播已成为互联网营销中的一匹黑马，从前"低俗"的直播，已经变成最具代表性的内容营销工具之一。

图 2-1　淘宝直播入口

直播一直是很受互联网用户欢迎的娱乐形式，但是以往的主流直播平台（如 YY 直播、斗鱼直播、全民直播等）用户大多是期望收看娱乐性节目的人，带有广告、销售意图的直播往往会受到观看者的排斥。但是，淘宝直播的出现，打破了以往常规直播中主播变现困难的局面，在直播中销售产品、打广告获得盈利变成了"理所应当"。

淘宝直播的雏形形成始于 2016 年，经过 2017 年的测试期、沉淀期，在 2018 年开始进入爆发期，"6 小时直播卖货 1 亿元""主播一夜赚了杭州市中心一套房"等让人眼红的商业神话层出不穷，2018 年入驻的阿里官方认证的 MCN 直播机构也剧增到 500 多家。头部机构的日销售额也已破亿元，其中甚至单个主播的日销售额就可以破亿元。淘宝网也看到，直播作为内容营销的一匹黑马，有不可估量的潜力，将淘宝直播板块从淘宝 App 首页不起眼的位置提升到了首屏位置，并不断优化、增加淘宝直播的入口，如图 2-1 所示。

淘宝直播作为电商直播的标杆，以其更易变现、利润高、扶持多等优势吸引了大量专业或业余的企业或个人内容生产者入驻，爆发式的内容增长可能使淘宝直播成为下一个风口。

淘宝直播不仅在国内大受欢迎，也受到了国外友人的关注，图 2-2 所示为国外友人在阿里巴巴商学院听关于淘宝直播的介绍。

图 2-2　国外友人在阿里巴巴商学院听关于淘宝直播的介绍

2.1.2 直播营销打破传统互联网营销的壁垒

电子商务使人们足不出户就可以购买自己想要的产品，同时也解决了实体店成本高、供应链复杂等问题。然而传统的网购模式也存在消费者所担忧的缺陷：所有的产品只能通过商家拍摄的图片、文字或者视频展示来了解，比如一件衣服的色差、尺码是否合适，厚度如何等一些图文、视频难以表述的实际问题导致消费者很多时候购买不到如意的产品，更何况部分商家在页面中乱标参数、虚标成分，导致淘宝网上存在大量的非"图"所示、与"图"有差距的产品，即使是专业的商家，也很难通过图文或者视频的形式完整地将产品传达给消费者。

1. 直播相对传统电商产品展现形式的优点

网购已流行多年，越来越多的消费者对网络产品拥有更成熟的认识，以前一张精美的图片容易吸引消费者下单，但因此也冒出来各种"买家秀"与"卖家秀"之间差距的笑话，让消费者对精美的图片产生怀疑：是不是修图过度？以前一段"历史最低、超值巨惠、最后 2 天"的广告会让消费者觉得产品价格非常优惠，但是现在随着消费升级，这些不注重品质，靠低价促销广告销售低质量产品的商家，"起"得快，"死"得也快，相关法规也导致很多吸引人的广告词汇不能再使用。丰富的网购经验让不少消费者对常规的图文、视频模式的产品展示慢慢表现出厌倦感、谨慎感。那么通过直播，可以刺激消费者，使其对这种新颖的展现形式产生更多的新鲜感。

1）更不"美"、更不"真实"的直播产品效果呈现却更容易让消费者信服

产品的呈现效果往往与实物有色差，比如服装类目，造成色差的原因主要有两个：一是商家在拍摄产品时，通常都是在优质的打光环境下拍摄的，加上后期的调色，使衣服更有质感，与消费者收到实物后在不同的灯光环境下产品呈现的颜色、质感差异很大。二是不同的电脑显示器、不同的手机屏幕也会使同一张照片呈现出的颜色有巨大的差别。

通过对部分服装店铺直播销售产品的售后数据进行分析，发现因为色差退货、退款的比例要远低于常规图片展示销售出的，再对比直播时的产品呈现效果与照片中的产品呈现效果，会发现其实直播时产生的色差比拍摄的照片的色差更大，因为直播间灯光不如摄影棚的灯光效果好，而且绝大多数主播没有配备专业的摄像设备，一般使用普通的摄像头，普通摄像头对色彩的解析远不如专业的单反相机，而且视频拍摄的分辨率有限，最后导致直播间的产品效果呈现并不是很美、很真实。那么为何消费者对直播间的呈现效果更加信任和喜爱？主要原因还是直播时动态的产品呈现，掩盖了直播中每张"静态帧"的缺陷，如果直接在直播时截图，可以发现很多图上的产品效果并不好，就如一部电影佳作，通过截图得到的一些"静态帧"也能出现很多人物的"糗像"。整体的动态过程，容易让人忽视瑕疵，更注重整体的效果。另外，直播间的灯光效果比摄影棚更接近日常室内的灯光效果，通过普通的摄像头呈现出的视频效果也更接近手机摄像头拍摄出来的效果，虽然与肉眼观看相比差距较大，但是更能让消费者感受到实拍、没修图的效果。因此，即使直播间产品的呈现效果并不完美，也更容易让消费者收到实物后能够接受。

2）从 2D 展现到更全面的 3D 展现

在图文形式的产品展现中，消费者只能看到固定拍摄角度的 2D 照片，一套详情页中产品的照片数量有限，很多时候很难解决消费者对更多产品细节、更多功能、更多设计的疑问，但是在直播中，除了主播会更全面地向消费者介绍、展现产品外，消费者也可以主动向主播提出需求：一件衣服可以让主播用手揉捏，展现衣服的厚度，可以通过主播多角度的运动展现衣服在人身上更真实的质感；一套美妆套餐可以通过主播现场演示美妆过程，更真实地展现遮瑕、美白、提亮的效果，以及腮红、眼影的搭配效果；一款榨汁机通过直播能够更加直观地展现榨汁的速度、效率，通过拆分机器的零件展现机器的细节做工等。图片形式无法完整展现的产品效果、功能可以通过直播全面呈现，图片、视频没有解答的疑问，消费者可以通过和主播的互动来得到答复。直播使产品呈现从 2D 呈现跨越到了更全面的 3D 呈现。

3）直播不仅仅是纯粹的产品展示，也是一场商业节目

一场专业、优质的直播可以避免枯燥、长时间的产品介绍。精心策划的各种营销活动，配合主播的才艺表演，打造一场别开生面的商业直播节目，将唱歌跳舞、"喊麦"、讲段子、乐器

演奏等常规娱乐形式带入电商直播，将"刷鲜花""送轮船"等变成点赞和购买产品。普通的产品经过优质的直播节目渲染，也拥有了独特的魅力。

2. 电商直播是"顺着网线"向消费者销售

1）互动刺激消费

可以和主播互动是在线直播受欢迎的最重要的原因之一。不同消费者对产品的关注点往往不同，一件衣服有人更关心色差、有人更关心厚度、有人更关心起不起球、有人更关心有没有优惠。常规的图文介绍如果将所有消费者的关注点都体现出来，不仅加大了工作量，也会导致详情页过长。但是在直播间中主播可以通过与消费者互动，快速精准地回答消费者的问题，以最快、最实在的方式解决各种疑问。

2）大幅增加停留时间，转化率高

电商销售中有一个比较重要的数据，就是"停留时间"。消费者停留时间长，说明产品和视觉效果非常优秀。在图文展现形式中，30秒的平均停留时间已经是极为优秀了，而根据官方给出的数据，最差的直播间也有至少30秒的平均停留时间，消费者的购物时间是有限的，停留时间越长，就越容易下单购买。

3）冲动型消费

逛淘宝、看直播的，不仅有存在购买需求的客户，也有需求弱或者无需求而纯粹想逛逛的客户，常规图文形式的产品展示，很难刺激到无购买需求的客户，但是直播就像大商场里做促销活动的主持人，能吸引消费者驻足停留，通过口才、产品的优惠力度、产品的优势介绍吸引消费者并刺激其消费。

4）KOL效应

优质的直播并不是纯粹介绍产品，不少消费者、观众都是主播的粉丝，相信主播的人品，喜爱主播的性格、才貌，主播对于观众来说并不是陌生的推销员，而是通过熟人、喜欢的人、信得过的人介绍的，因而能形成KOL（关键意见领袖）效应。

3. 电商直播打造爆款的同时也成就了KOL

主播既是销售员，更是一个"网红""大咖"或某领域的专家，直播平台是一个公平的战场，个人综合能力强的主播自然能拥有更多的粉丝，获得更大的收益。

1）没有硝烟的战场

电商直播平台上，主播之间存在竞争关系。如何吸引陌生人成为粉丝、如何留住老粉丝、如何将"路人粉"转变成自己的"忠实粉"，成为主播之间竞争的关键。电商直播不仅仅是内容营销的一种形式，还是"网红"经济下的残酷战场。个人能力较弱、形象较差、缺乏才艺的主播很可能会被淘汰。一个主播即使有很多优点，但是人外有人，也可能会被更优秀的人替代。

正如娱乐圈中有无数人想成为明星，但是成功的寥寥无几。目前电商直播还处于红利期，不少主播快速地积累了自己的粉丝，但是随着大批主播、专业机构的涌入，未来的市场竞争将会越来越激烈。

2）粉丝决定主播价值

粉丝数量和粉丝质量决定主播的价值。主播拥有更多的粉丝，自然就拥有更高的人气，也会为其销售的产品带来巨大的流量，一些拥有几百万个粉丝的电商主播，单场直播的销售额往往能达到几百万元、上千万元，在"双11"等一些官方大促活动期间，甚至可以达到上亿元。因此拥有大量的粉丝意味着可以创造巨大的商业价值。

但是，粉丝的"质量"也是关键，并非粉丝数量越多主播的产出越多，粉丝的"人群画像"、经济能力、知识水平、个人喜好等特征都影响着直播变现的转化率和UV（独立访客）价值。一个主播可以靠着低质量、低价格、低利润产品快速积累粉丝，然而一旦换成中高端的产品，产出就大幅度降低，并且由于销售的产品质量一般，粉丝的忠实度很低，从而使得销量一直平平；一个始终坚持销售优质产品的主播，虽然起步缓、粉丝增长慢，但是由于粉丝的主体为中高端消费者，再加上产品质量优秀，消费者对主播非常信任，忠实度很高，因此后者虽然粉丝较少，但是直播的转化率较高，并且单个消费者的产出会更高，也就是UV价值会更高，因而，后者销量可能会高于粉丝多的前者。加之后者的粉丝忠实度高，主播的"价值"也会持续增长。

3）成就爆款，成为KOL

不少人梦想成为网红，并以此为目标去努力。在互联网时代，成为网红的平台、方法越来越多，拥有几十万个粉丝的网红比比皆是，其中一些喜欢与他人分享，也有许多人希望成为网红并且获得更大的收益，纵观互联网上的网红，并不是所有网红都有着可观的盈利，有些甚至在亏损。很多网红存在粉丝变现困难、平台分成太多等导致盈利少的问题。

电商主播的粉丝一般是有消费需求的消费者，所以主播在直播中不需要忌讳更多的广告内容，常规的娱乐网红通过才艺、技术、形象等带来的节目效果来达到成为网红的目的，电商主播则用才艺、技术、形象等因素把流量引导到直播的产品上，将直播间的产品打造成爆款。成功打造爆款，也就成为了有商业价值的KOL。

2.1.3　直播营销的出发点

1. 内容出发点

1）符合社会主义价值观

符合社会主义价值观是基本的内容出发点，不论在哪种形式的直播中，内容都应该健康、带有正能量，要避免色情内容、敏感内容、垃圾广告、谣言、辱骂性言语等。

2）选择擅长和喜爱的领域

尽量选择自己擅长和喜爱的领域，可以达到事半功倍的效果，并且更易得到粉丝的认可。要想熟悉某个不擅长领域的产品以及背后的供应链，需要长时间的学习沉淀，时间成本过大，强行涉足自己不喜欢的领域可能会让工作变得枯燥，从而失去激情。在擅长和喜爱的领域可以与买家有更多的共同语言，更了解产品背后的供应链，对产品品质也能有更好地把控。

3）选择擅长的风格

不同的品牌有不同的风格定位，李宁、耐克主打运动青春风，无印良品、全棉时代主打简约风，主播也应有自己独特的风格，作为自身的品牌形象来向大众展示。从细分的风格入手，拥有自己的直播风格以及产品风格，更容易受到消费者的青睐。

4）将电商与娱乐相结合

电商的客户群体虽然主要以有购物需求的消费者为主，但是纯粹的产品广告推销会让直播变得过于枯燥，在介绍产品的同时，可加入一些娱乐化的节目活动，适当增加直播的趣味性。

2. 产品出发点

1）选择值得信赖的产品

由于直播有着 KOL 效应，因此主播的信誉非常重要，同时也要让消费者认可主播的专业程度，同很多大明星、大网红一样，主播一旦出现"污点"就非常容易被曝光，因此选择优质的、值得信赖的产品是主播和品牌名誉的基本保障。

2）确定产品的定位

除了选择优质的、可信赖的产品，产品的价格定位、功能定位、款式定位也需要尽量符合主播或者品牌的定位，低价产品不适合形象高端的主播或者品牌，长期主营女装的主播突然被要求直播美食也很难有好的效果，对产品的定位要尽量保持统一性、持续性，主营产品定位变更也应缓慢地进行，避免出现产品不符合主播或者品牌定位的情况。

3）避免繁而杂的产品种类

不少商家或主播在刚开始直播时，想选择多类目的、种类完全不同的产品进行直播，也有很多商家或主播在粉丝达到一定量时，期望拓展其他类目，通过更丰富多样的产品来增加盈利。如果是关联性比较强的产品，比如某商家或主播之前直播销售的是女装，那么从引入女鞋开始，的确可以带来更多的销量，但是如果引入居家类产品、美食、健身器材等关联性比较弱的产品，反而会起到相反效果。首先，商家或主播很难把控所有种类产品的质量；其次，消费者对某一直播的喜爱很大程度上取决于商家或主播的专业度，杂乱的产品会大幅度降低消费者的信任。绝大多数知名品牌只销售一类产品或者主打一类产品，耐克、阿迪达斯的运动鞋最知名，奔驰、宝马让人联想到豪车。同样，商家或主播的直播，如果想打造成知名度很高的品牌，那么必然要从专注于某一类别的产品开始。

3．受众出发点

想要通吃所有类型的受众群体几乎是不可能的，商家或主播在选择受众的时候一定要谨慎，一旦选定受众，经过一段时间的累积后再更换主要的受众群体，很可能要从头开始。不少商家或主播在刚开始接触直播的时候，为了快速吸粉，销售大量的低价产品、和自身品牌形象不符的产品，累积了大量低客单价的粉丝，后期却突然开始销售中高端产品，导致产品销量表现较差，粉丝流失严重。主营中高端产品却抓取低端产品受众导致受众不准确，反之亦然。受众一旦选定，后期更换的成本很大，因此在从事直播前，就要从长期计划出发，慎重选择受众。

4．促销出发点

直播是内容营销，搭配促销则必不可少。

1）营造促销氛围

电商直播是一场多人在线的互联网营销活动，要打造良好的直播环境和促销氛围、备好专业的促销话术，直播的产品也要配合直播做好相应的促销设计，营造一场浓厚促销氛围的直播，可以大幅增加观众的消费欲望。

2）体现直播优势

常规的图文形式的电商产品促销，大部分情况下只能利用一些促销软件通过图文形式表现出来。直播有互动性强的优势，可以衍生出更多的促销形式，比如抢答、回复关键词抽奖、在线限时秒杀等，通过直播，可以设计出更有吸引力、互动性更强的优惠促销，从而更加全面地发挥出直播的优势。

2.2　设计直播环境

2.2.1 打造优质的直播间

1．直播间场地规划

1）室内直播场地基本要求

室内直播通常适合一些对光线需求强、对细节展示要求高的产品，比如服装、美食、美妆等，对场地的要求主要有以下几点：

- 有较好的隔音效果，避免外界嘈杂声音干扰。
- 有较好的吸音效果，避免回音。

- 有较好的光线效果，提升直播间产品和人物的美观度，减小色差，提升直播呈现的视觉效果。
- 若直播一些需要展现大体积的产品，如跑步机等，要注意直播场地的深度，深度不够可能造成摄像头距离拍摄主体过近，造成产品展示不完全、构图不美观的后果，宽度不够可能会造成直播视频中两边杂物较多、画面拥挤等不美观的直播效果。
- 直播场地如果没有较明亮的顶灯，需要补打顶光，则还要注意直播场地的高度，需要有足够的高度给顶灯预留空间，避免顶灯入镜造成不美观。
- 为了避免画面过于凌乱，直播不会让所有直播的产品都入镜，因此需要有足够的空间存放直播所需的样品。
- 一些品类的产品直播间中除了主播，还需要经纪人或者跟播人员配合主播工作，因此要注意给他们预留工作空间。
- 直播间可能需要用到桌椅、黑板、娃娃、花卉等家具、道具，因此也需要预留一些空间。

不同产品的直播对室内直播场地的要求不同。比如美妆直播所需的场地就不需要太大，摄像头距离人物较近，大部分时间要展现主播的脸部细节，样品体积也比较小；而服装直播往往要展现整个模特，因此摄像头的距离较远，对直播间的深度也有要求，衣服（尤其是冬天的衣服）样品也比较占用空间。

因此在选择或者装修直播间时，要根据直播的产品规划好合适的场地方案。

2）室外直播场地基本要求

室外直播适合一些体型或规模较大的产品，以及货源现场采购等一系列存在室外场地需求的产品，比如码头现场挑选海鲜、多人共同直播等，对场地的要求主要有以下几点：

- 良好的天气环境，如在傍晚或者夜晚时间段，就需要补光灯补光。
- 室外场地不宜过大，直播过程中主播不仅要根据自身的时间安排讲解产品，还要回应消费者对某一产品的讲解要求，因此过大的场地会浪费大量的行走时间。
- 室外婚纱照等一些对画面美观度要求比较高的直播，室外的环境要相对美观，比如在精装修的庭院里直播。背景不能过于杂乱，避免出现杂乱的人流、车流、建筑。

2．直播间基础设备

1）拍摄设备、电脑硬件设备

主播通过手机进行直播，则需要高配手机、落地手机支架或桌面手机支架，如图2-3所示。由于直播推流对硬件要求较高，尽量选择CPU型号较新、性能较好的手机进行拍摄，由于前置摄像头画质一般较差，所以要尽量使用后置摄像头拍摄，保证推流顺畅，画面清晰。另外还需准备一部手机及一个落地支架，由于拍摄的手机使用后置摄像头拍摄，主播无法看到直播间的观众互动信息，因此需要另一部手机看观众的互动信息，这部手机配置不需要很高。如果使用摄像头可旋转的手机进行拍摄，就不需要额外再准备手机。

图 2-3　落地手机支架展示

通过电脑摄像头直播，需要配备高配置电脑和质量较好的电脑摄像头。电脑直播推流对电脑 CPU 的性能要求较高，推荐使用较新型号或较高级的 CPU。官方推荐的直播电脑摄像头型号为罗技 C930e（见图 2-4）及比其更好的电脑摄像头，这样可以保证画面的清晰度和色彩还原度，同时也要搭配落地或者桌面的摄像头支架。另外还要准备一部手机和一个落地支架，用于观看直播间的观众互动信息。

图 2-4　电脑外接摄像头

如果想要更专业、更清晰的画质，则需要用到电视、电影级的专业摄像机，它们拍摄的画面更清晰、色彩还原度更高、细节更丰富，但成本也会更高，如图 2-5 所示。

图 2-5 专业摄像机

　　直播对网速、网络稳定要求都比较高，建议采用 100Mbps 网络以保证网速，并且单独使用网线连接电脑以保证稳定性。

　　电脑主机自带的声卡一般集成在主板上，如果想要更好的音频效果，就需要单独配外接的声卡，除了声卡，还需要配备较好的麦克风，在安静的室内配备有线麦克风，在嘈杂的环境中或者室外配备无线麦克风。

　　2）灯光设备

　　美妆等品类的近景拍摄，首先需要有较明亮的环境灯，在室内原有的灯光较弱时额外补光，其次需要一盏美颜灯，常见的是环形美颜灯，如图 2-6 所示。

图 2-6 环形美颜灯

　　一些较远距离的拍摄，需要比较亮的室内顶灯，可以搭配 LED 灯带，或者搭配专业的摄影顶灯。另外根据实际灯光效果可以选择专业的常亮摄影柔光灯进行补光，主要的目的是使直播间光线明亮，且光照均匀柔和，如图 2-7 所示（换成球形柔光罩效果会更好）。

图 2-7　常亮摄影柔光灯

在进行外景拍摄时，如室外光照效果较差，则需要搭配一些户外手持补光灯进行补光（见图 2-8），或者用其他的专业户外补光设备。

图 2-8　户外手持补光灯

3）工具或道具

● 样品储存架、衣架等存放直播样品的工具。

● 地毯、摆设等美化直播间的物品。

● 跟播人员工作设备，如电脑桌椅。

● 全身镜。

4）直播间其他常见设备

● 带灯的落地全身美容试衣镜，如图 2-9 所示。

图 2-9　带灯的落地全身美容试衣镜

- 网红窗帘、网红风格背景纸或背景墙等。
- 黑板、白板、荧光板等展现文字、图片信息的道具。

服装类直播间样间如图 2-10 所示。

美妆类直播间样间如图 2-11 所示。

图 2-10　服装类直播间样间

图 2-11　美妆类直播间样间

3. 直播间的维护

直播间事故常有发生，如设备损坏、样品丢失、信号不好等。直播间设备比较贵重，也有很多易碎、易坏品，平时需要注意保护。同时，一般直播间物品较多，样品常被挤压，更换频繁，所以日常需要有条理地进行整理维护，避免直播出现意外情况。

2.2.2　优质的直播效果呈现

良好的直播画面呈现是吸引观众驻留的关键之一，目前电商直播如淘宝直播平台上大量的直播间存在呈现效果质量不合格的情况，严重的会导致直播间被"降权"，比如：

- 直播画面模糊、画质差。
- 直播画面过暗、过亮或者灯光不均匀，阴影严重。
- 噪音大，说话不清或声音太小。
- 人物、直播物品展示不完全。
- 场地混乱、邋遢。
- 主播人物形象差，不注重打扮。

电商直播目前是一个新兴的行业，未来直播平台将会对商家和主播设定更多的门槛，其中就包含直播的呈现效果，因此需要创造条件保证直播的优质呈现效果。

1．优质的音频、视频效果

1）画面构图合理

拍摄的角度、要拍摄物品的远近、背景的设计都应该遵循合理的构图法则，尽量保持合适的比例，同时也要将直播的主体展示完全、细节展示到位。

2）兼容性强、易更换风格类型

一个直播间往往不止服务于一个主播或者一类产品，如果直播间是被多方使用的，那么还要注意直播间的兼容性，避免一些风格过于独特且难以改变的设计。在直播中，核心是主播和产品，直播间需要突出主播和产品，因此简约、通用、兼容性强、易更换的风格可以让直播间得到更好的利用。

3）高质量的摄像效果

优质的灯光效果、清晰的画质是直播的基础，需要相对优质的设备来支持。如果整体画面较差，不仅会降低消费者的视觉体验，也会让消费者认为直播中的产品与实物不相符。

4）适合主播和产品的风格

在直播前，需要根据不同的主播和产品调整直播间，以达到风格统一的效果。如果直播成熟黑色系列的女装，则可以摆放一些黑白及深色系列的家具、背景画；如果直播可爱鲜艳系列的女装，则可以摆放一些可爱的公仔娃娃等。整体风格尽量统一，可以让消费者更加直观地了解产品的风格定位。

2. 优质的主播形象

1）化妆，美颜

大部分情况下，不论男女主播，在直播前都需要化妆，在镜头前展现良好的形象，搭配适当的美颜效果，会更容易引起消费者的兴趣。但也不是所有直播都需要化妆和美颜，一些做全脸化妆教程的主播，就需要素颜且不开美颜效果进行直播，保证直播效果的真实性。

2）态度积极主动，情感表达丰富

电商直播需要时刻保持积极自信的态度，从而感染消费者，使观众更加信任直播的产品，另外直播也是娱乐化的节目，一味地推销会让观众感到疲劳，还需要配合丰富的感情表达，如卖萌撒娇、"喊麦"、搞怪等，丰富直播时的主播形象。

3）得体的衣着装扮

直播一直是娱乐行业内相对敏感的领域，主播穿着装扮应得体，避免大面积裸露或者过于浮夸的穿着装扮。

3. 优质的直播间创意

直播场地可以美化、装修，线上的直播间也有装修功能，在直播画面中可以加入一些图片、信息卡等丰富直播间的内容，尤其在一些大促活动、节假日期间，加入一些与活动或节日相符的元素，能丰富直播的视觉效果，更加吸引观众眼球。如图 2-12 所示，主播在圣诞节时添加了圣诞元素。

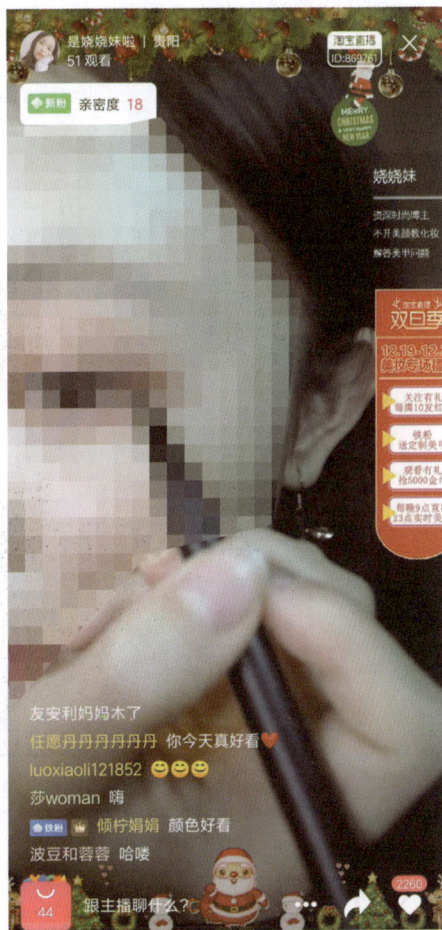

图 2-12 直播间页面

2.2.3 直播供应链基地

1. 直播基地功能

直播基地包含多个直播间，且拥有完善的供应链，很多基地是专业机构开设的，用于自己签约的主播直播，或者租给商家、外界主播直播。在拥有完善供应链的基地中，主播可以自由挑选想要直播的产品，并在基地提供的直播场地中进行直播，如图2-13所示。

图2-13 泛银文化直播基地

2. 直播基地合作模式

一般情况下，直播销售出产品后，基地会抽取一部分提成。基地中的产品均在淘宝店或天猫店上架，主播挑选好需要直播的产品后，直接把对应店铺的链接导入自己的直播间，然后开始直播。在直播基地进行直播时，主播不需要担心缺少直播的产品，且基地提供场地，可以低投入、低门槛地开始直播工作。但是基地一般会抽取较高的提成，因此直播销售的利润也会少很多。

2.3 如何做好电商直播

2.3.1 适合直播的产品和类目

1. 电商直播热门行业与冷门行业

淘宝直播在发展过程中增加了很多直播的栏目频道，也有很多栏目频道因数据不佳而被下线。优质的电商直播并不是低成本的营销，分析产品、行业是否适合直播是做好直播的第一步。

在淘宝直播平台上，最火爆的几个类目是美妆、女装、美食，这几个类目占了平台的大部分销售额，因此不难看出淘宝直播主要的受众群体是年轻女性，直播的热门行业也是针对年轻女性这一消费群体的，而男装的整体数据表现平平。就目前的直播行情而言，不论是企业还是个人，如果想要达到一定的规模和收入水平，只能在这几个热门类目中选择相关产品进行直播。但是行业在发展，未来的趋势可能会改变，如近期宠物市场直播火爆，可能也会成为有大量产出的行业，所以要时刻关注行业趋势，选择有市场、适合直播的产品。

电商平台上热卖的产品不一定能在直播平台有大量的产出，甚至有可能是冷门产品。一些大品牌产品，如大品牌洗衣液等清洁用品、大品牌手机等数码产品、大品牌冰箱等家电，这些产品的品牌已经深入人心，可额外宣传的信息非常少。对于已经非常了解的产品，观众更喜欢直接购买，并不需要经过主播的复杂介绍，同时这些产品价格、成本非常透明，利润率也较低，优惠力度以及主播的佣金会比较低，最终导致产品综合竞争力不足，直播效果差，消费者对这些常见产品的直播也没有观看的兴趣。

美妆、女装、美食之所以能成为淘宝直播销量的支撑，是因为这些产品本身就有图文无法表达或表达不全面的不确定因素。某个色号的口红适用于什么样的场景，模特照片上的衣服与收到的实物是否会有太大的色差，某件衣服的厚度是否合适，某网红泡面的酸辣程度是否适合我们某地人的口味，等等，这些不确定因素通过直播可以更全面地展示，给观众更加真实的体验效果，观众也能置身于其中，通过与主播的互动来了解一些靠图文难以表达的产品信息。

2. 靠产品带动主播与靠主播带动产品

对于新手主播来说，靠好的产品带动直播尤为重要。比如某主播对数码产品非常了解，但是由于数码类目在淘宝直播上的体量非常小，因此并不能吸引多少人观看。又如某主播有某品牌保暖内衣的一手货源资源，但是由于产品质量一般，又没有特色，导致直播口碑很差。因此一定要选择好的产品来做直播。

主播可以选择热点产品去做直播。抖音上有一些突然火爆起来的视频，一旦某款产品的短视频火爆起来，必然会有无数"抖友"跟拍，而且跟拍的视频也特别容易成为热门视频，这是因为产品有先天优势，有让很多人都感兴趣的关注点。

淘宝直播平台已经创造了不少销量奇迹，淘宝新店日销千万元、单品日销万件等销量奇迹比比皆是，甚至一些冷门产品也通过直播带来了巨大的销售额，这些成绩往往是由拥有巨大流量的主播带来的。一个成功的主播不仅拥有大量的粉丝，在粉丝中的口碑也非常不错，粉丝在购买时十分信任主播推荐的产品，一些粉丝暂时不需要这类产品也跟风购买，从而导致冷门产品也有很好的销量。因此成功的主播也有巨大的商业价值，以主播的个人魅力来带动产品，让产品销量"一步登天"。

3．选择适合的产品、类目比努力更重要

商家、主播做直播，选对产品比努力更重要，太独树一帜地去选择冷门类目可能导致流量天花板过低，销量无法持续增长，收入抵不上支出。选择热门产品去和无数主播拼命竞争可能导致同质化严重，直播间没有特色，主播即使再努力，成功的概率也很小。正因为如此，淘宝直播每天入驻的主播很多，经营不下去而停播的主播也很多。因此在做直播前，根据自己先天的优势以及劣势，去选择或者避开某些行业的产品才会有更好的效果。

2.3.2 挑选合适的主播人才

1．电商主播基本素质要求

作为电商主播，首先必备的是较好的控场能力，其次需要口齿流利、思路清晰，并且能够与粉丝产生较为持久稳定的互动关系。除此之外，也需要一些硬性条件。

1）做直播是非常辛苦的全职工作

没有什么行业可以随随便便成功，直播也是。

现在全职的淘宝直播主播的直播时间一般要达到一周 6 天，每天 5 个小时以上，直播是持续性的工作，中间没有很长的休息时间，并且不论当时是否有观众观看，都必须不停地讲述，展示产品，因此一场直播下来往往非常辛苦，精力体力的耗费会非常巨大。

不少想做淘宝直播的男生女生，可能认为直播可以作为一项兼职，实则不然，直播是一项辛苦的全职工作，工作量完全不低于社会上其他工作。

2）个人形象的塑造

不论男女，颜值高、气质佳是常见的优质个人形象，天生颜值高的主播更加容易受到粉丝欢迎，一般的主播也可以通过化妆、美颜来提升镜头中的外在形象，纵观整个电商直播平台，绝大多数优质主播的颜值都是相对比较出众的。

- 除了颜值高，有特色也是主播重要的个人形象特点。
- 有婴幼儿孩童的辣妈，更受母婴群体的欢迎。
- 帅气的美妆小哥哥也更容易受到美妆群体的"迷妹"喜爱。
- 爱讲段子的贴心女装大姐姐更容易让观众感到信任。
- 会唱歌跳舞、多才多艺的主播更容易征服观众。

因此电商主播并不是谁都适合做的，也需要根据个人的能力、优势去抉择，有良好且有特色的个人形象的，往往可以事半功倍。

3）个人兴趣及擅长领域

前面说到做电商直播是非常辛苦的，因此在选择直播这个行业的时候也要考虑自己的兴趣和擅长的领域：喜欢穿搭拍照，就可以做服装类直播；喜欢美妆、对美妆品牌很了解就可以做美妆类直播；吃不胖的大胃王就可以做美食类直播。自己喜爱这个行业、领域，才能让消费者认可。

4）与时俱进，多学习多创新

电商直播还处于起步阶段，趋势变化非常快，规则不停修改，门槛不断提高，所以主播要时刻保持学习的姿态，了解电商直播的行业趋势，抓住行业提供的机会福利。同时也要成为直播的产品领域的专家，不仅可以为消费者提供更优质、更有性价比的产品，让消费者更加信任自己，也可以避免被不良的合作商家坑。电商直播不仅仅是对产品的销售，更是对自己的代言，因此个人的名声、个人的品牌形象也是非常重要的。

2．主播产品对接流程和直播脚本流程

1）产品对接流程

（1）根据主播的标签定位从商家库中筛选商家。

（2）挑选产品。

①经纪人把选中的产品加入购物车（根据主播与产品匹配度、产品佣金、优惠力度等进行筛选）。

②主播筛选产品。这一步考验主播的专业性，主播把要选的产品加入购物车，由经纪人记录产品，把产品信息发给商家，让商家安排发货。如果主播专业性不够，就由经纪人跟商家协商，推店铺的主推款，按照流程发货。

③安排商家发货后，让商家填写商家对接表，如图 2-14 所示，并和商家核对产品链接、产品名称、页面价格、优惠信息、到手价、优惠领取方式、优惠券领取链接、产品卖点、物流单号、淘宝联盟佣金设置等。

类目	商家	商品名称	产品链接	页面价格	商品权益	到手价	优惠如何领取	优惠券链接	佣金	佣金链接	产品卖点	物流单号
商家店铺名称	商品简要名称	产品超链接	商品销售价格	产品优惠、活动、或者赠品	直播间价格	是拍立减，找客服报主播名字，或者其他方式	如果有优惠券，则填写优惠券	淘宝联盟佣金链接	佣金百分比
	一贝皇城	童中大童夏季	m/item.htn	58	10元优惠券	48	戈客服领取优惠券	erId=69876	20%%	98767861	三条核心卖点 纯棉清以七分裤 安调将膝盖防寒 6色可选 舒适他尤其易于清洗 橡筋腰头 不勒肚子	
	一贝皇城	)18新款潮裤	m/item.htn	49	10元优惠券	39	戈客服领取优惠券	erId=69876	20%%	98767861	罗纹圆领不易变形，纯棉面料透气排汗	
	一贝皇城	五分裤中	m/item.htn	59	10元优惠券	49	戈客服领取优惠券	erId=69876	20%%	npaignId=1	橡筋腰头不会勒腰；时尚精致印花；添加氨纶面料，增阿言柔软的弹性	
	一贝皇城	装2018新款	m/item.htn	59	10元优惠券	49	戈客服领取优惠券	erId=69876	20%%	npaignId=1	纯棉polo衫，时间印花；门襟扣子，可根据舒适度调 课耽	

图 2-14　商家对接表

④收到样品后经纪人进行记录，登记直播产品汇总表，直播产品汇总表就是在商家对接表的基础上加上收到的产品的样式、数量。

⑤主播收到样品后，用标签纸登记并且用收纳盒统一归类放好，建议按照品牌归类。

⑥主播从直播产品汇总表中找到对应的产品链接，快速搜索产品，然后制作接下来需要直播的产品列表。

2）直播脚本的制作

①直播脚本需要经纪人和主播沟通完成。

②主播遵循推好品原则，要考虑产品实际使用效果、产品的性价比、产品生产日期是否合格，等等，做到绝对地对粉丝负责。如果产品使用效果不好，或者出现质量问题，主播要及时和经纪人沟通。经纪人向商家反馈，按规则退回产品或者按其他情况处理，也要对商家负责。

③主播试用一段时间没问题了之后，从直播产品列表中挑出自己想要推的款，按照日期序号排好，标上颜色。

④经纪人会根据主播挑的款做好直播脚本并且制定策略，确定秒杀款、主推款、黑马款、次推款。

秒杀款：经纪人会跟商家协商好秒杀时间，主播到点进行秒杀主推，建议提前五分钟预热，然后花十分钟介绍秒杀的产品，最后开始正式秒杀，这样会有大量的等待观众。

主推款：整场直播中除了安排秒杀款定点秒杀之外，还需要花更多的时间介绍主推的产品，尤其要在秒杀前后观众最多的时候重点介绍。

黑马款：有爆款潜力的产品，以正常方式推荐时如果出单量和点击量较大，就能成为黑马款，可以将其切换为主推款。

次推款：一般是利润比较高且与主推款有较强关联性的产品，比如同一系列不同色号的口红、同一品牌不同规格的洗面奶。

⑤经纪人根据主播的排序把脚本更新到每天的直播脚本里，需提前制定好 3 天的脚本。

⑥做好脚本之后需由经纪人把脚本相关信息导入直播预告。并且把优惠信息写上。主播根据脚本提前做好笔记，做好开播准备，主播脚本如图 2-15 所示。

指直播间挂的编号	商家名+产品名	产品卖点	产品链接	活动价	优惠信息	主推款	秒杀时间	优惠券领取链接
1	x1	xxx	xxx	58	xxx	主推		xxx
2	x2	xxx	xxx	52	xxx			xxx
3	x3	xxx	xxx	39	xxx			xxx
4	x4	xxx	xxx	230	xxx			xxx
5	x5	xxx	xxx	48	xxx	主推	22:00	xxx
6	x6	xxx	xxx	228	xxx			xxx
7	x7	xxx	xxx	58	xxx			xxx
8	x8	xxx	xxx	86	xxx			xxx
9	x9	xxx	xxx	128	xxx			xxx
10	x10	xxx	xxx	252	xxx			xxx
11	x11	xxx	xxx	328	xxx			xxx
12	x12	xxx	xxx	428	xxx	主推		xxx
13	x13	xxx	xxx	218	xxx			xxx

图 2-15　主播脚本

2.3.3 商家与主播签订经纪合同

签订经纪合同，从法律层面上为商家和主播的利益提供保障，不同的合作模式可根据实际情况签订经纪合同，参考范本如下。

经纪合同

编号：

本经纪合同由以下合同方于　　年　月　日在中国杭州签订：

甲　　方：杭州 ×× 有限公司（以下简称"甲方"）

地　　址：

法人代表：

电　　话：

乙　　方：　　　　　　　　（以下简称"乙方"）

地　　址：

身份证号：

联系电话：

鉴于：

1. 乙方拥有良好的艺术天赋，具备向网络红人方面发展的潜质，符合甲方网络红人的签约标准。

2. 乙方未与其他机构签订经纪合同。

各方根据中华人民共和国有关法律规定，经过友好协商，达成一致，特签订本合同，以供各方共同遵守。

一、经纪聘请

1.1 乙方愿意根据本合同的约定，把甲方作为其独家经纪公司，负责乙方在电商平台、直播平台及短视频平台上的所有事宜。

1.2 甲方同意在本合同约定的有效期限内作为乙方的经纪公司。

二、合同期限

2.1 本合同有效期为　年，自本合同签署之日开始计算，即自　年　月　日至　年　月　日。

2.2 有效期届满后，甲方在同等条件下具有优先续约权。如需续约，双方另行签订续约合同。

三、商业运作内容

3.1 由甲方代理乙方、全权负责乙方在电商平台（包括但不限于淘宝、天猫、聚美优品）和短视频／直播平台的广告合作业务，包括广告商接入洽谈、合作对接。

3.2 甲方作为乙方唯一指定电商代运营服务商，负责给乙方开设淘宝店铺，并提供供应链、运营服务，合作详情见店铺代运营合同。

3.3 如果乙方已有电商线上店铺，双方可自行商议是否需要甲方提供店铺代运营服务。甲方不得强制要求代运营。

四、账号管理

4.1 账号申请：甲方负责给乙方在电商平台（包括但不限于淘宝、天猫、聚美优品）、短视频／直播平台申请用于商业化运作的账号，以下简称账号。如果乙方已有账号与权限，则需在各平台简介栏标注、绑定为甲方签约艺人。

4.2 密码管理：甲乙双方共同持有账号密码，未经书面协商同意，乙方不得单方面修改密码。

4.3 账号用途规定：甲方可使用账号招商，提取数据，申请官方资源（活动、资源位），发布微淘、图文与短视频。乙方可使用账号进行直播、发短视频。除非双方另行书面约定，否则甲乙双方均不可将此账号用于其他用途。

4.4 账号所有权归属乙方。甲方具有使用权。

五、分成约定

5.1 通过甲方运作，乙方可获得直播报酬和一定比例的销售佣金提成。具体直播报酬金额及提成比例为：

直播报酬：甲方　　　，乙方　　　；销售佣金提成：甲方　　　，乙方　　　。

乙方约定收款账户：

通过内容服务销售产生的直播报酬由甲方按月发放，销售提成通过淘宝客形式直接打入乙方支付宝账户。

5.2 甲方应在官方平台佣金结算后的3个工作日内支付给乙方直播报酬佣金，如遇国家法定节假日，甲方应在恢复工作日后2个工作日内支付给乙方佣金。

5.3 如甲方违反5.2条款规定，需每天按应付报酬的千分之五支付给乙方违约滞纳金，500元封顶。

5.4 乙方享有甲方或者甲方指定方（包括合作方）策划活动的参与权。

六、双方其他事项约定

6.1 在甲方或者甲方指定方（包括合作方）安排的商业化运作中产生的音频、视频、照片等文件归甲方所有。允许乙方自由传播。

6.2 乙方应配合甲方完成甲方指定的合理工作安排，如遇不可抗拒的因素不能配合工作，需提前24小时与甲方工作人员沟通。如无故不配合甲方工作，甲方有权拒绝支付报酬，造成重大损失需追究乙方赔偿责任。

6.3 乙方未经甲方书面允许，不得私下与第三方合作（如私下接商家的产品进行淘宝直播推广），不得私自收取任何费用。如有商家主动寻求合作，乙方必须获得甲方允许才能进行合作，并由甲方出面洽谈合作、签订合同。如有违反，一经发现，乙方对于此事项按照5000元/次进行赔偿，累计满三次，甲方有权单方面解除合同。

6.4 乙方应遵守直播平台的规则。如因乙方单方面违反平台规则（如涉黄、参与赌博等）造成的损失，均由乙方承担。

6.5 乙方承诺在淘宝直播平台每月直播时间不少于50小时，每月直播天数不少于15天，主播活跃度不低于60%，直播内容以及直播时间由甲方统筹安排（每月直播最低时长，以淘宝直播官方发布的数据为准）。

6.6 乙方有权拒绝甲方安排的不合理行为以及不符合平台管理要求（如违反道德、违反国家法律等）的商业推广活动。

6.7 甲乙双方不构成任何劳动雇佣关系，双方均是独立的法律主体。

6.8 在本合同期限内，甲方为乙方提供的产品样品，乙方应当妥善保管，对于明确说明需要寄回的产品样品，如出现损坏、遗失等情况，由乙方赔偿损失。

6.9 甲乙双方约定的其他事项　　　　　　　　　　　。

七、违约责任

7.1 甲乙双方应按照本合同规定履行义务。如果甲乙任何一方违反本合同规定，并在对方发出书面通知之日起五个工作日内仍未及时改正的，守约方有权取消违约方的合作资格，并可无条件终止本合同。

7.2 乙方在合作期间极度不配合，严重损害甲方利益时，甲方有权立刻解除本合同并扣除薪酬，且保留追究其法律责任的权利。

7.3 甲方在签订合同 3 个自然月内未履行 3.1 条款约定，且乙方书面沟通后未果的，乙方有权单方面解除合同。

7.4 在本合同有效期内，双方不得擅自解约。如单方擅自解除本合同（7.2、7.3 条款情形除外），视为违约，违约方需支付守约方违约金人民币　　　　元整。

7.5 如乙方需要提前单方面解除本合同，则甲方在收取 7.4 条款所规定违约金之外，也对乙方进行专业运营之后所产生的新增粉丝进行收费，收费标准为 10 元 / 人，当前账号为　　　　，粉丝人数为　　　。

7.6 乙方违反 6.4、6.5 条款任一约定，造成甲方经济损失或者平台扣分失信的，乙方承担该损失，平台扣分以 1 万元 / 分的赔偿计算。

八、保密协定

8.1 除法律规定必须公开的资料外，乙方不得向第三方披露本合同履行情况和其他相关往来文件的内容、甲方商业秘密等。

8.2 以上保密协定在本合同期满后仍然有效。

九、其他

9.1 本合同未尽事项，经双方协商，可另立补充合同。补充合同与本合同具有同等法律效力。

9.2 本合同受中华人民共和国法律管辖并根据中华人民共和国相关法律解释。凡由于执行本合同而发生的一切争执，应当通过友好协商解决。如不能解决的，则提交甲方所在地法院解决。

9.3 本合同一式两份，具有同等法律效力，甲乙双方各持一份。本合同自双方签署之日起生效。

甲方：杭州 ×× 有限公司（公章）

法定代表人 / 授权代表人：

日期：　　年　　月　　日

乙方（签字与指印）：

日期： 年 月 日

2.3.4 专业电商直播应有的技巧

1．直播前主播需做好准备工作

直播前需要对每类产品做一个脚本，脚本可以由主播自己做，也可以由经纪人做，还可以由提供产品的商家按照自己提供的脚本模板填写。

1）分配顺序和时间

根据当日需要直播的产品数量和当日直播的时间，安排好每类产品、每件产品的直播顺序和时间。对于新手主播，刚开始直播时很难把控好时间，经常出现一件产品讲述过多或者讲述太少的问题，因此在直播时使用手机定时是非常好的选择，在淘宝直播平台上，如果主播通过阿里 V 任务按合作商家的需求进行直播，那么必须达到商家承诺的直播时间，如时间没有达到，商家是可以投诉并要求退款的。

2）提炼优惠信息

通常直播促销活动中的产品在直播间都有优惠或者赠品，因此需要核对并记录好每一款直播产品的优惠情况，常见的优惠情况有：

①直播间专享价，拍下立减或者送优惠券。

②直播间购买有赠品，赠品可能是买一送一的同款，也可以是其他品类的产品。

③前 n 件秒杀价，少量限量的超高性价比的特价产品秒杀价。

每款产品的优惠信息必须记录并打印出来，或者在直播间产品列表第一、第二个位置放置当日所有直播产品的优惠信息的链接，消费者进入链接后可以看到所有款式的优惠力度、优惠券领取链接、优惠暗号留言等。

3）提炼卖点，深入了解不熟悉的产品

提前提炼好产品的卖点。如果直播时不停查看产品介绍，就会导致直播效果变差，还会让消费者感觉到主播非常不专业、不了解产品。主播对于平时经常直播的种类的产品一般会非常熟悉，对产品的讲述可以出口成章，但是对于并不熟悉的产品，要提前深入挖掘产品的卖点。

4）按照顺序记录并补充直播脚本文案

非常有经验的主播已经锻炼出了连续演讲不间断的能力，但是对于一些新手主播和经验欠缺的主播，连续讲解几个小时不间断是非常困难的事，经常会出现"断片"、不知道说什么的情况，因此直播前需要补充好直播产品的产品文案，保证对每款产品至少可以讲解 5 分钟。

2．直播产品的充分解读

对产品的全方位解读是直播的主要内容，在直播前的准备工作中就要做好对每款产品卖点的解读，这样才能让消费者充分了解直播的产品。

那么，怎么让消费者更加有欲望购买直播的产品而不是去淘宝上买类似的产品？这就需要以更适合直播的产品去吸引消费者购买。

（1）对产品进行即时试验。图片可能是 PS 的，视频可能是剪辑过的，但是即时的直播很难作假。衣服使劲扯扯不坏，美白护肤产品在半边脸上用了后效果比另半边得到了明显的提升，洗衣液浸泡白色衣服轻松去渍……将电视广告上的常见套路用在直播上，会更加吸引人，更加让人相信。

（2）结合自己的经历去推销产品，可以引用自身、他人的经历来向消费者表达产品的使用感受，例如拿出自己以前的某张照片，展示以前脸部皮肤暗淡粗糙，但是使用了这款面膜一段时间后，现在在直播间表现出的肤质明显变好。好的产品加上有效果的真实经历，会带来更深入的信任。

（3）多做直播教学。免费且有专业技术含量的教学能够牢牢抓住观众对直播的关注度。比如，主播通过某品牌、某色号、某尺寸的眼线笔和眼影套装进行了非常精致的画眼影的教学，最终得到了非常惊艳的效果，或许市面上不少类似的眼影可以达到这样的效果，但是一场教学下来，消费者往往不会再去花费大量时间和精力去挑选其他的类似产品，而且由于其他产品没有直播这种即时性的现场效果，即使购买回来，也可能会有色号、眉笔尺寸不对等问题产生。

（4）合理地将直播产品的优点与其他产品对比。通过对比实际的产品，向消费者展示直播产品的优势，比如：同样质量的产品，直播间的产品价格便宜很多；直播间的方便面一盒 20 包，比其他方便面多送 5 包；直播间的这件衣服的毛领明显比其他的用料多，等等。说服消费者，让消费者认为直播间的产品不仅质量更好，价格还更便宜，进一步刺激消费者的购买欲望。

3．提高热度

不论哪种直播间都有点赞、查看热度、刷礼物、弹幕等功能，电商直播间也不例外。直播间的热度越高，在平台中的展现位置也会越靠前，同时也更加让粉丝觉得直播间很热闹、很受欢迎。因此要多与观众互动、回复留言、刷屏，提升直播间的热度。

4．粉丝运营

快速积累粉丝。一般来说，主播粉丝越多，直播的合作价格也就越高，粉丝量一直是体现主播价值的最重要的指标之一，在直播过程中一定要想尽办法让新观众关注直播间，除了靠自身的能力、才艺吸引观众关注，还要多与观众互动，如通过"欢迎某某进入直播间""感谢某某对主播的支持""没有关注主播的可以关注一下""谢谢某某的关注"等话语吸引观众关注，从而尽可能地快速积累粉丝。

分析并维护好粉丝群体。数量庞大的粉丝群体可以按照不同的标准进行分类,如按客单价分、按性别分、按年龄分等。粉丝多并不意味着粉丝在任何种类的产品中都可以轻松变现,一个一直做低客单价产品直播的主播突然转做高客单价产品,粉丝多半不会买账,因此要分析好粉丝群体,做适合自己粉丝群体的产品直播。

5.案例:分析产品的维度

可以通过以下九个维度分析产品:需求引导,产品概况,产品品牌,店铺详情,产品卖点,深挖优势,用户评价,直播优惠,营销手段。下面以某饼干为例进行讲解。

1)需求引导

描述画面:联想生活中的一些场景,生动地描述出来,让粉丝产生共鸣,比如:

①早晨起来不想做饭。

②不想吃街边油腻、不卫生的小吃。

③消化不良,想要补充点营养。

④熬夜加班感到饿。

2)产品概况

由外及内,分别描述包装、规格、口感等。

①独立包装,方便携带。

②规格为2.5千克,120小包,成分为麦麸、植物油、鸡蛋等。

③口感特别酥软。

此外,还可以介绍产品的成分、色彩、触感,以及食用时的感受等。

3)产品品牌

介绍产品的品牌优势、可信度与品牌形象。

①18年老品牌,专注品质。

②专注于粗粮精做。

③产品口碑非常好。

4)店铺详情

介绍店铺优势,扬长避短且客观反映店铺优势。

①店铺排名:店铺属于行业的佼佼者,排名很靠前,实力强,质量有保证。

②店铺评分:评分三项"飘红",说明店铺不仅产品不错,服务也好,物流也快。

③产品销量:月销几千件,说明消费者非常认可。

5)产品卖点

逐一罗列产品优势,体现主播的专业性。

①一共十种口味。

②有含糖的和不含糖的。

③适合孕妇、老人、小孩。

6）深挖优势

重点突出一两个最能打动人心的产品优势，进行深度介绍，如富含膳食纤维，会有高饱腹感，吃了不长胖。

7）用户评价

"累计 70000 多个好评""月销量 8000 多笔"等可以反映用户对产品的认可，适当的时候可以选择用户评价进行讲解说明。

8）直播优惠

设置独一无二的优惠，只有自己的直播间有，让粉丝觉得捡到了便宜。比如：原价 59.9 元，直播间 39.9 元，再独享 10 元优惠券，买到手只要 29.9 元。

9）营销手段

①限时 10 分钟秒杀。

②限量 100 份秒杀。

③限量 500 份优惠券秒杀。

2.3.5 更适合直播间的营销技巧

常规电商产品的营销活动思路可以带到直播中来，但是并不完全适用，且做电商直播有着更适合用于直播的相对独特的促销活动。

1. 饥饿营销

在淘宝直播中，饥饿营销是很多中型、大型直播常用的营销手段和套路。在电商直播中做饥饿营销，表面上能让观众认为产品稀缺珍贵，不抢买不到，但对于电商直播，本质上有更多深层次的内涵。

1）营造真正的饥饿营销氛围

（1）产品价格足够吸引人。

错误做法：想通过饥饿营销活动来大量赢利。比如把一件非名牌的羽绒衣作为活动产品，定价 300 多元，虽然 300 多元对于羽绒衣来说的确是非常便宜的价格，但是 300 多元也不能让消费者毫不犹豫地进行"秒杀"。质量尚可的羽绒服出厂价一般为 200 多元，通过这种方式赢利，并不会获得起到饥饿营销的效果。

正确做法："秒杀级"定价，如羽绒服定价 99 元，且货品极其稀缺，虽然销售亏损，但是本质上是为了营造直播间争抢的促销氛围，充分利用消费者想要"捡便宜"的心态。

并不是所有产品都得亏损销售，但是也需要有能营造饥饿营销氛围而亏损销售的产品，这种产品必须要有让人足够心动的价格，不然消费者不会买账。

（2）库存必须稀缺。

有很多"不差钱"的商家为了快速增加直播间人气，准备了大量的秒杀产品，满足了大部分观众捡便宜的欲望，结果不仅直播间人气没有提升多少，商家自身也大量亏损。饥饿营销的目的是让消费者产生不满足感，在下次开始抢之前会继续光顾直播间，甚至推荐朋友一起"蹲点"抢，为了方便进入直播间也会进行关注，没抢到产品时还会有更多的互动，发表自己的"失败感言"。如果一次性满足大部分观众，就会导致他们的大量流失，而且由于大量的低价销售，也降低了直播间的消费水平。稀缺的库存能营造争抢的氛围，让观众认为抢购的产品价值高。

2）淘宝直播饥饿营销的套路

饥饿营销的目的是通过"不卖"来"卖"，让消费者相信直播间的产品便宜、价值高、库存少后，才开始真正的销售。

限时秒杀。直播间常见的限时秒杀一般是将某个产品设置成正常价格，主播在秒杀前会进行预告，做产品的介绍和性价比的宣传，然后限时抢购，抢购时产品价格修改成抢购价格，同时主播和助理会随时播报库存情况和所剩时间，如：最好卖的驼色只剩5件了、还剩2分钟秒杀时间、时间结束马上就下架、这件衣服今天不会再返场了、这次播完直接下架了。实时提醒抢购时间短、库存有限，容易让观众思考时间变少，加上产品性价比的确很高，更容易让有兴趣的消费者快速下单。

主播帮观众向商家"砍价"。这种营销模式往往是主播和商家提前商量过的，目的是让消费者觉得产品物超所值。比如，主播在秒杀前预告某款国产口红秒杀价69元，并提醒消费者，69元很划算，是平时的8折，但是感觉好像还是有一点贵，由此引起观众的共鸣。这时会有观众互动说的确有点贵，主播趁机主动给商家打电话进行砍价，并开启免提功能，让所有观众都可以听到通话。从69元砍到59元，再砍到49元，最后砍到39元还送眼影，但是只能限量销售。这样能不断满足消费者对性价比的追求，最后甚至再送精美礼品，从而突破消费者心理的最后一道防线，让他们产生得到巨大优惠还能获取精美礼品的感觉。但事实上，在直播前商家就已经和主播沟通好了大致的优惠力度。笔者对此种套路不认同，不建议读者实践，了解一下就可以了。

2．场景化营销

直播产品的展现形式比常规图文可信度更高的原因之一就是其场景的真实性，主播可利用观众对直播的高信任度，针对不同产品定制不同的场景化营销。

（1）原产地场景直播，如图 2-16 所示。这类直播常见于生鲜类产品类目，如水果、海鲜、放养家禽的原产地直播等。大多数消费者已经看厌了图文中的"厂家直发""无中间商""产地直发""现摘现发"等相关营销信息，更喜欢在直播间看到原产地的产品直播。为了提升直播间的互动性，可以让在直播间下单的客户现场挑选生鲜产品。

（2）现场制作并体验式直播，如图 2-17 所示。这类直播常见于美食、电脑组装等类目。对于一些美食直播来说，主播享受美食的场景对观众有巨大的吸引力，但是也有很大的局限性，一场直播的时间持续很久，主播的胃口有限，无法在一场直播中从头吃到尾，所以可以加入制作过程的场景。如用某品牌面条制作好吃的葱油拌面的过程，讲解用什么方法制作会更好吃；用某品牌火锅底料、火锅食材制作火锅，讲解怎么把控时间和火候，以及使用某品牌底料、食材的优点，最后进行试吃。不仅仅直播享受美食对观众是一种诱惑，对于喜欢看美食类节目的观众来说，制作美食的过程也是一种巨大的诱惑，从制作美食到享受美食这个完整过程，在让诱惑得到"升华"的同时还能增加粉丝的停留时间，从而促进成交。

图 2-16　水果原产地直播

图 2-17　直播美食制作并试吃

图 2-18 所示为直播组装电脑。对于一些电脑产品爱好者来说,看着全新的配件组装成电脑,同时与主播互动,可以对电脑的质量、配件等更加有数。主播则展现了自己的水平,得到了观众的认可,吸引了更多的忠实粉丝。

（3）教学并测评直播,如图 2-19 所示。这类直播最常见于美妆类目,护肤、化妆是专业度非常高的技能,大多数消费者通过自学只能掌握一些最基本的护肤、化妆技巧。专业的美妆主播可以用一些专业程度较高的美妆主题来做一场教学测评,如"如何在夏日还能保持整容级别的持久妆容""今天教你化泰式妆""睡前怎么护肤才能更有效"等,在提供专业的护肤、化妆教学的同时,也能让观众感受到主播护肤、化妆后的改变。观众不仅能学习到感兴趣的技巧,也能对主播推荐的产品产生极大的信任。

图 2-18　直播组装电脑

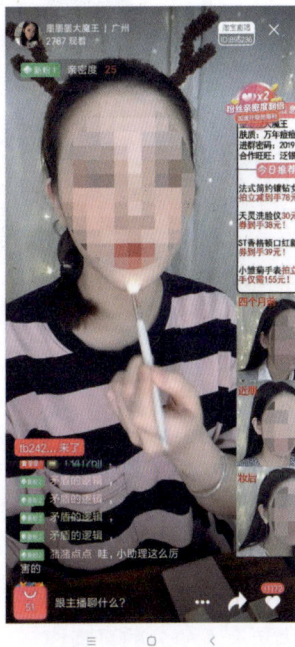

图 2-19　美妆教学

（4）海淘现场直播,如图 2-20 所示。这类直播常见于全球购板块,主播在国外商场、免税店直播,观众通过互动让主播购买产品。通过直播可以让观众感受到置身国外商店的体验,产品的标价也一目了然,提升了主播销售的产品是正品的可信度,减少了消费者对假货的担忧。

（5）趣味活动场景直播,如图 2-21 所示。直播开蚌取珍珠火爆一时,花几十块钱让主播开几个蚌,运气好的话能开到一个正圆形、色泽好的珍珠,价值超过成本百倍。即使运气不好,也可以得到很多普通品相的珍珠。以趣味的活动场景来吸引观众关注,可以让好奇的观众也忍不住参与进来。

图 2-20　海淘现场　　　　　　　　　　图 2-21　直播开蚌取珍珠

（6）真人秀场景直播。这类直播目前在淘宝直播平台上还比较少见，但在一些非电商平台上比较多见，如户外、野营、钓鱼、探险等平台，主播可以顺带推销一些户外用品等。也有模仿一些有趣的综艺节目的真人秀直播。此类有观赏性的直播节目易"吸粉"，粉丝观看时间比纯推销的直播更长，但是由于其拍摄难度、要求较高，在新兴的电商直播平台上还很少见，或许未来可以成为更有竞争力的直播模式。

3．观众福利

回馈观众，在直播间发放各式各样的福利可以增加直播间热度，提升粉丝忠诚度，保持直播间的人气，增加观众的停留时间和回访率，使其可以听主播介绍更多的产品。

（1）抽奖。抽奖形式有多种。

① 点赞、涨粉抽奖。常见的点赞、涨粉抽奖方式为，达到某点赞数量或者粉丝数后开始抽奖，如每收到一万个赞抽一次奖、发送一次大额优惠券或发送密令红包等。

② 刷屏抽奖。观众回复关键词，在评论区不断刷屏，主播进行一次或者多次截图，图上的用户可以领取奖品或其他福利。

③ 实物工具抽奖。如实物转盘抽奖等，如图 2-22 所示。

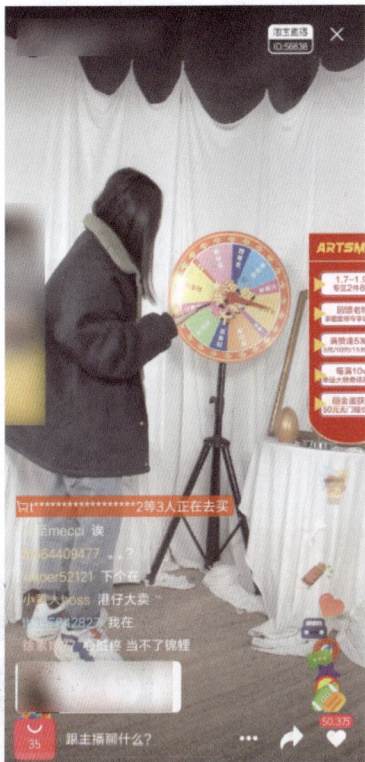

图 2-22　直播间转盘抽奖

（2）秒杀。在一场直播的某几个时间段或者某些特殊条件下，进行超高性价比的限量秒杀活动，如在刚开播时、点赞数到 5 万时开始秒杀等。

（3）粉丝群福利。加入主播粉丝群的粉丝可以参加特别的活动。可以创建多个粉丝群，如钻粉粉丝群、铁粉粉丝群、普通粉丝群等，在不同的粉丝群中设定不同的优惠福利，刺激粉丝多消费，以升级自己的粉丝头衔。

4．配合淘宝官方或者非官方的热点活动

遇到"双 11"等官方大促活动，或者世界杯等热点事件，也可以制定相关的营销活动，并将直播间装修成相关的主题风格，营造营销氛围。

2.3.6 淘宝直播推广

　　智钻中的直播推广是淘宝直播官方的推广工具，目前支持投放的资源位有 3 个，如图 2-23 和图 2-24 所示。

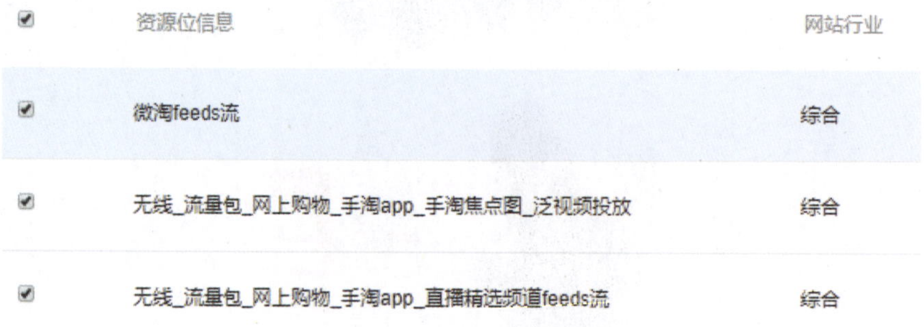

☑	资源位信息	网站行业
☑	微淘feeds流	综合
☑	无线_流量包_网上购物_手淘app_手淘焦点图_泛视频投放	综合
☑	无线_流量包_网上购物_手淘app_直播精选频道feeds流	综合

图 2-23　智钻资源位

图 2-24　资源位手淘 App 展示位

直播推广功能操作流程如下。

（1）登录智钻推广，在"内容推广"中选择"直播推广"，如图 2-25 所示。

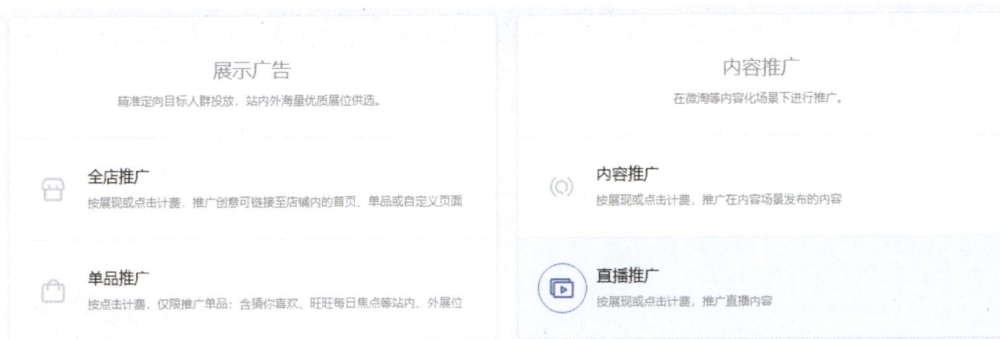

图 2-25　选择推广形式

（2）设置好相关的基本信息，如图 2-26 所示。

图 2-26　设置推广信息

（3）设置定向人群，如图 2-27 所示；选择投放资源位，如图 2-28 所示；设置出价，如图 2-29 所示。

图 2-27　设置定向人群

图 2-28　选择投放资源位

图 2-29　设置出价

（4）上传创意。创意指的是有创意的图片，需要严格符合钻展图标准，由于钻展图需要审核，创意需要提前制作上传，避免审核不通过导致直播推广延迟，如图 2-30 所示。

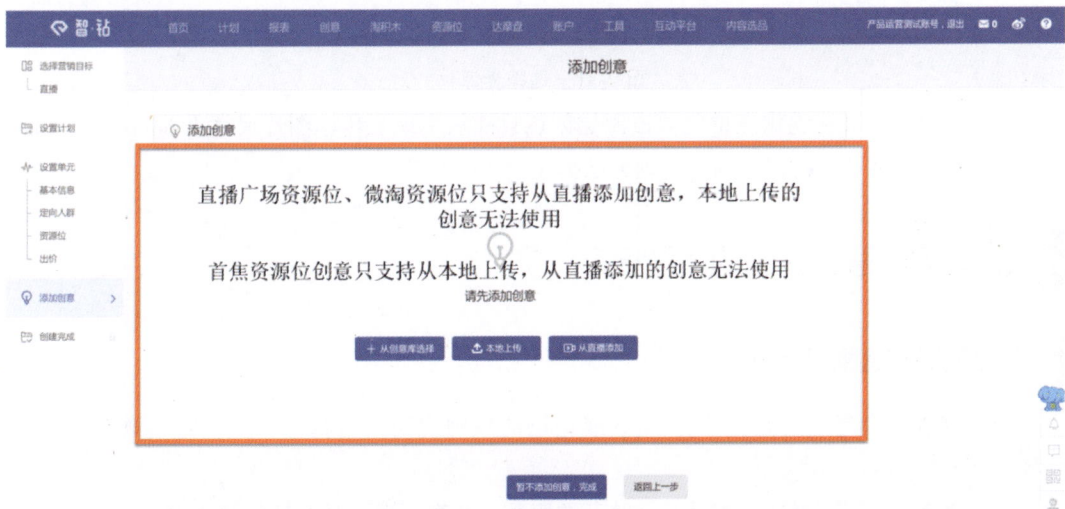

图 2-30　上传创意

添加创意时要注意下面几点。

（1）从直播中添加，可以投放直播广场和微淘两个资源位，直播间没有浮现权的商家，无法投放直播广场资源位，只能投放微淘媒体资源位，如图 2-31 所示。

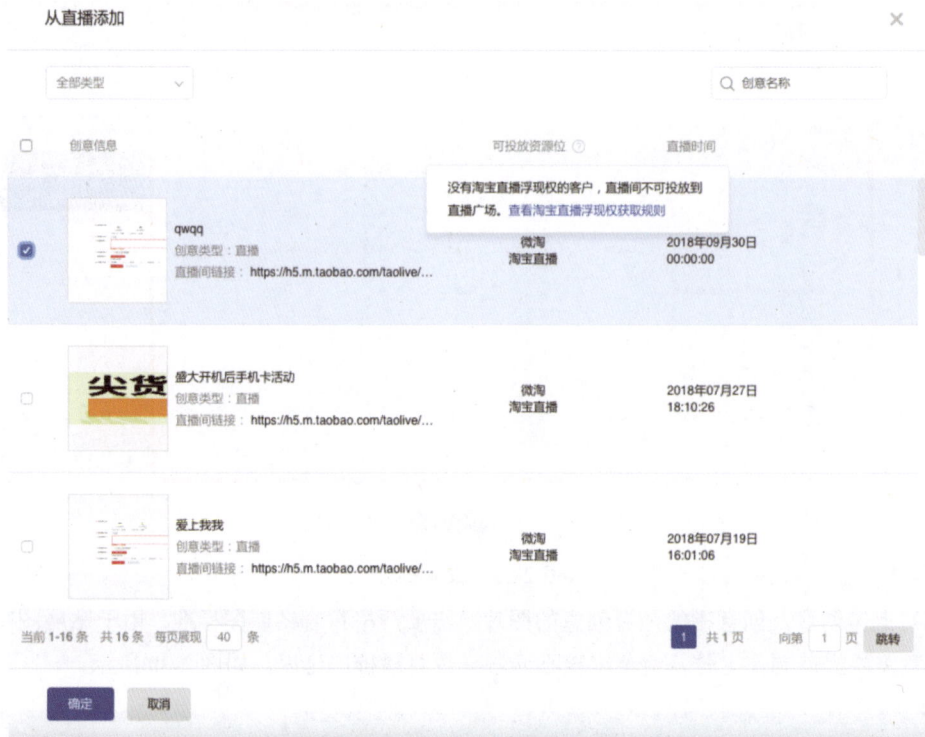

图 2-31　选择资源位

（2）首焦（首页视觉焦点位置）资源位创意只能从本地上传，图片尺寸为 640px×200px，同时需要保证直播链接格式准确，否则无法提交。

2.3.7　直播应避免踩到的"雷区"

1．勿触犯淘宝直播平台规则

详细规则可参考淘宝直播官方 App 或论坛的规则说明，直播间常见的违规现象有下面几种。

（1）主播穿着过于暴露，穿带有性暗示的服装。儿童半裸，婴儿裸体换尿布。

（2）长时间播放无人的空镜头。

（3）敏感产品展示不规范，内衣直接穿着在身上展示。

（4）未经授权播放新闻、游戏、电影、电视剧、综艺节目、体育赛事、境外节目等。

（5）其他违反法律规定的现象。

①使用或者变相使用国家政府名义做推荐。

②私自使用科研机构、学术机构、技术机构等专业机构名义做推荐。

③损害革命领袖、烈士英雄形象，恶搞文艺经典。

④做违反广告法的宣传。

2. 直播间常见违规营销案例

（1）引导消费者到线下或者非淘宝平台交易。由于线下交易和非淘宝平台交易对消费者资金安全造成重大隐患，且无法保证消费者的售后权益，因此淘宝直播不允许引导消费者到线下或者其他平台交易。

（2）设定与淘宝店铺基本的消费者保障规则冲突的规则。如应该支持七天无理由退换货的产品，主播声明不退不换。

（3）直播间专拍链接错误。主播在直播间推广的产品链接的内容信息必须保证与实际售出产品的信息一致，拍A发B是不允许的，也不允许放置邮费链接、福袋链接等不能准确描述产品的链接。

（4）售卖假冒、盗版、仿制产品。

3. 避开淘宝直播"隐形规则"雷区

不触犯平台规则以及法律规则是基本原则，但是在淘宝直播中，还存在一些"隐形规则"的雷区，虽然它们不会涉及扣分等惩罚，但是可能会让直播效果越来越差、流量越来越少。

1）直播产品混乱导致直播标签、粉丝标签十分混乱

电商直播平台和看直播的粉丝，往往更喜欢垂直化、专业化的直播。如果主播总是多种类目产品混播，那么在淘宝直播千人千面的算法下，很容易造成直播标签混乱。推送直播人群不精准，导致平台给予的流量下滑。同时对于消费者来说，混杂的产品对于直播的体验感很差，并且会产生对产品的不信任，以及对主播专业度的质疑，从而导致粉丝忠诚度不够。

2）直播时长不够、不稳定

在淘宝直播平台目前的算法下，长时间不直播或者直播时间太短的直播间的流量会受到限制，系统会自动把这些直播间认定为效果差的直播间。因此，即使主播粉丝数量多、直播间很火热，也不应该出现长时间不直播或者直播时间太短的情况。

对于直播间的观众来说，观看直播的时间往往是固定的，因为观众的工作时间、空闲时间、个人作息习惯不同，所以往往喜欢在每天的固定时间段去看直播。当主播突然更换直播时间段时，容易造成原来累积的粉丝无法在自己有空的时间段去观看直播，从而造成粉丝流失，观看量降低。

3）直播时间与大主播冲突

直播的黄金时间段一般是在晚上，但是并不意味着在晚上直播效果最好，由于有很多大主

播都集中在晚上某一些时间段直播，导致黄金时间段竞争非常激烈。因此可以尝试在大主播较少的时间段，甚至在主播最少的凌晨直播，这样直播间的排名会非常靠前。

4）产品质量问题较多

淘宝直播平台上，有不少主播吃了产品质量问题的亏，很多合作的商家提供的产品并不是很优质，主播介绍得天花乱坠但是消费者收到的产品很差，导致他们不会再做回头客，更严重的还会在直播间的粉丝群中"黑"主播，让别人不要相信，因此产品的品质把控一定要严格做好。

5）直播综合的权重低

直播间的一些常见的数据也会影响直播间的排名和权重，如点赞数、观看人数、观看时长、关注人数、关注率、动销率、销售额等。因此在直播时要多做一些提升数据的工作。

6）直播缺乏创新

淘宝直播竞争日益激烈，因此要时刻保持学习的心态，不断提升直播的能力，学习并创新直播方式，不断提升直播的质量，避免被淘汰。

直播的产品也有生命周期，今年受欢迎的产品明年可能就无人问津，所以主播要时刻关注市场动向，及时更换更流行、更受欢迎的产品。

2.3.8 搭建主播背后的运营团队

1. 电商直播团队常见的组织架构

直播机构的组织架构一般比较完善，背后有成熟的运营团队和供应链，如图 2-32 所示。

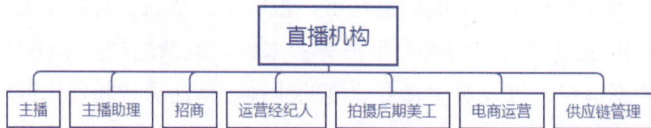

图 2-32　直播机构组织架构图

单个主播的业务能力有限，成员架构相对简单，成员往往身兼多职，如图 2-33 所示。

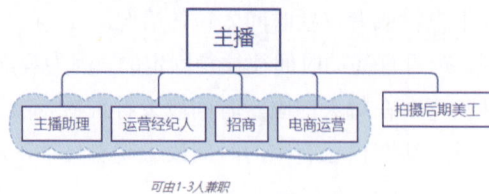

图 2-33　个人团队组织架构图

2. 电商直播搭建团队的必要性

部分娱乐网红在刚开始起步做直播时，为了节省人力成本，会一个人挑起所有的工作，但如果做电商直播，一个人挑起所有的工作会比较吃力，涉及的工作有招商、选品、拍摄、美工、产品上下架、仓储物流、售前售后服务等，因此即使是刚刚起步的新手，背后也需要运营团队，单枪匹马做电商直播很难成功。

有电商销售基础的商家或者个人，可以直接利用已有的人力去组建完善的团队。毫无基础的想要从事淘宝直播的商家或者个人，可以和相关机构进行合作。淘宝直播目前开放了机构入驻的入口，截至2018年已经入驻了500余家大大小小的机构。机构拥有完善的主播运营团队，分工更加明确，可以与主播签约合作。

3. 成熟运营团队的运营模式

1）主播

主播核心的工作应当是向观众展现好每一场直播内容，去吸引更多的粉丝，不断提升自身的才艺、口才和直播经验。

2）招商员和买手

主播所播的产品一般都由招商员或买手来挑选，以保证直播产品的丰富性，且把好产品质量把控的第一道关。

3）运营人员和经纪人

主播的专属运营人员和经纪人工作内容相对比较繁杂，很多时候需要把控与主播相关的所有事物，是统筹工作的核心人员，需要对接安排所有的工作，甚至会代做招商、助理、文案等角色的工作，主要有招商产品的对接、直播时间的安排、直播的准备工作、直播的后台操作、直播数据的复盘、直播后的维护等，他们的工作贯穿整个直播过程。

4）助理和跟播人员

很多主播在直播的时候并非一直是一个人播。由于一场电商直播的时间会比较长，且个人对产品的展现、解读能力有限，所以会安排助理、跟播人员一起直播。

助理的主要工作是同时和主播直播产品，可以更加全面地展现直播的产品，或者主播中间休息时代替主播直播，避免主播休息的时候直播间没有人。

跟播人员的主要工作是操作、调试直播时的设备，负责后台的各项直播功能操作，并为主播服务，提供热水、零食，并帮助主播整理或更换直播时需要的产品等。

5）文案、拍摄、美工设计人员

文案、拍摄、美工设计人员通常需要合作，共同完成直播的设计需求。

6）仓储、售后、供应链负责人

如果直播的产品是自营产品，则需要负责仓储、售后、供应链的人员；如果是代播产品，则需要专人管理好样品。

2.4 玩转淘宝直播

2.4.1 淘宝直播平台简介

淘宝对淘宝直播越来越重视，淘宝直播也表现出空前的火爆趋势。淘宝直播聚集了来自全国各地的主播，一种全新的电商销售模式迅速受到了消费者的欢迎。

1. 淘宝直播的入口

淘宝直播的手机淘宝（简称手淘）App 的入口为手淘首页，另外商家也可以将直播入口放置在店铺首页和产品详情页，在一些类目的关键词搜索页中，也会有正在直播的提示，如图 2-34 所示。

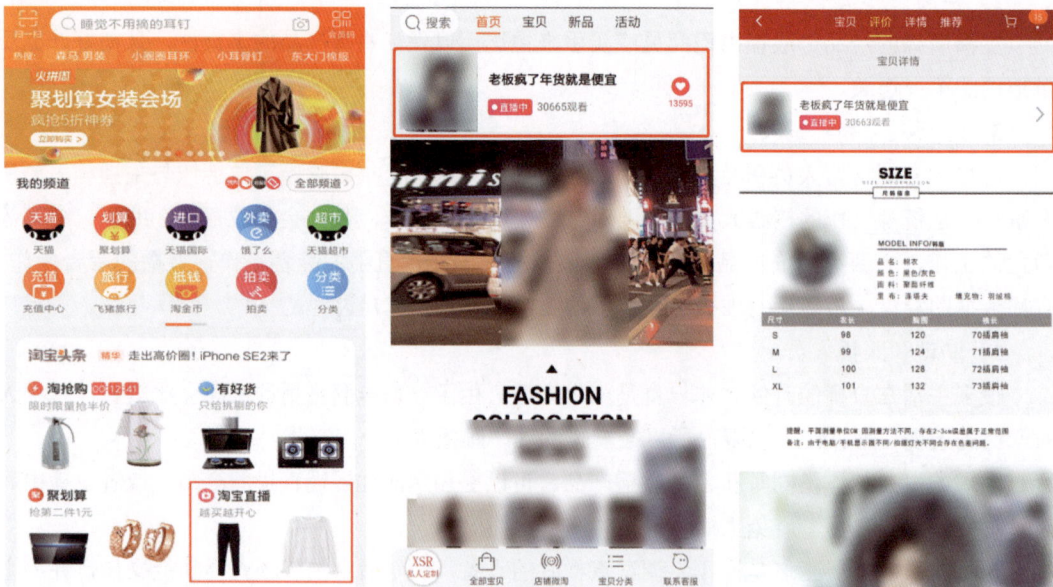

图 2-34　淘宝直播入口

在微淘中也可以看到关注的主播的直播间入口，同时也可以看到其他主播在微淘的直播间入口，如图 2-35 所示。

淘宝直播独立 App 已经上线，提供淘宝直播更多的流量入口、获客渠道，以及更多的用户端的互动功能，如图 2-36 所示。

图 2-35　直播间入口

图 2-36　淘宝直播独立 App 界面

2．淘宝直播的频道

淘宝直播有买全球、美食、生活、亲子、鲜花萌宠等频道，每个频道下还有子频道可供选择，如图 2-37 所示。随着淘宝直播的发展，更多的频道会陆续开放。在目前淘宝直播的所有类目中，销售额、流量占比最大的是美妆、服装、食品、居家日用品类目。

图 2-37　淘宝直播频道

　　淘宝直播频道栏目推荐也采用了千人千面算法，根据用户可能的喜爱度来推荐直播间，从而达到流量更精准、用户可以迅速在无数直播间中找到更有兴趣的直播间的目的。

3．直播间的功能

　　在直播间中，买家可以通过直播间的功能和主播进行互动，比如用直播间顶部的"关注"按钮关注主播，用右下角的点赞图标给主播点赞等，也可以在左下角的购物袋中看到主播正在直播的产品，更可以打字与主播进行互动，如图 2-38 所示。

　　打开购物袋后，观众可以通过"一键加购"进行购买，也可以点击宝贝进入详情页查看详细的图文介绍，如图 2-39 所示。如果主播进行过直播切片设置，观众也可以查看某款产品的直播回放，非常便捷。

图 2-38　直播间界面

图 2-39　购物袋功能

2.4.2 开始淘宝直播之路

1. 个人主播入驻要求

第一，必须要拥有绑定了支付宝的实名认证过的淘宝账号，并且已经注册成为达人。

第二，根据账号属性的不同，具体的要求也不同。非商家且是个人主播的，一般需要满足以下条件（但并非硬性要求）：

（1）达人账号层级达到 L2 级别。

（2）需要有较好的控场能力，需要口齿伶俐、思路清晰，与粉丝互动性强，因此需要上传一份主播出境的视频，全面地展现自己。视频大小不要超过 3MB，因为目前系统只支持 1 分钟以内的视频，因此建议大家都想想看，如何通过 1 分钟时间来展现自己的直播能力，不要仅限于自我介绍！

（3）通过新人主播基础规则考试。

（4）非淘宝达人账号可以通过和机构签约合作入驻淘宝直播。

淘宝直播入驻要求经常改变，需要时刻关注入驻要求和门槛。

2．商家直播开通要求

集市店铺（珠宝类目除外）的直播开通要求如下：

（1）DSR ≥ 4.6。

（2）店铺信用等级在一钻及一钻以上。

（3）店铺具有一定老客户运营能力。

（4）店铺主营类目所对应的产品数为 5 个及以上。

（5）店铺产品具有一定销量。

（6）店铺具有一定综合竞争力。

对于天猫店铺（珠宝类目除外），还要求符合以下天猫营销活动规则：

（1）近 30 天因品质原因退款率及笔数的基础要求：因品质原因退款率行业倍比不大于 3，近 30 天因品质原因退款笔数不大于 1 笔。

（2）近 30 天店铺纠纷退款的要求：近 30 天纠纷退款笔数小于 3 笔，近 30 天纠纷退款率行业倍比不超过 5。

商家入驻的要求经常在改变，很多与直播相关的官方活动也有快速开通的捷径，如店铺淘宝直播没有开通，在提升店铺综合实力的同时，也要多关注官方的规则和活动。

3．开通浮现权

拥有浮现权的直播间可以在公域渠道展现，而没有浮现权的直播间只能在私域渠道展现，也就是无法被淘宝直播平台抓取。因此有浮现权才能获得更多的公域流量，否则只有私域流量。

淘宝直播采用浮现权的目的是筛选优质、合法合规的直播间，由于很多刚开始做淘宝直播的商家或者个人不专业，直播内容质量差、违规甚至违法，会导致平台管理困难、直播内容质量低等问题，因此通过平台综合考核的直播间，也就是拥有浮现权的直播间才能得到公域流量，向更多的用户展现。

个人主播获得浮现权的最快捷的方法，是与机构签约，淘宝直播机构都有直接开通浮现权的名额，但是与机构签约会涉及费用、法律等问题，因此要慎重考虑。

商家获得浮现权的快捷方法与个人主播不同。商家需要多关注并参与淘宝直播的官方直播活动，在很多活动中都有开通直播权限、获得浮现权的机会，达到活动的最低门槛即可获得浮现权。与淘宝商家相比，天猫商家的门槛更低，更容易获得浮现权。一些店铺本身综合实力比较强，淘宝小二可能会直接给予浮现权。

个人主播和商家也可以通过一段时间的高质量直播来获得浮现权,考核的维度主要有两个。

（1）数据考核维度：直播时间、场均观看人数、观众平均在线时长、点赞数、销售额、粉丝数、参与淘宝官方活动情况等。

（2）直播间质量考核维度：直播预告、直播间主图、标题或标签、直播视频呈现效果、合规情况等。

具体的考核指标没有固定的门槛,经常变更,并且由于大部分浮现权的获取目前还在人工审核阶段,因此主播还需要关注平台实时变更的规则,达到尽量优质的直播效果。

浮现权机制对没有基础的主播来说是比较高的门槛,将不少个人主播和商家拒之门外,但是同时也剔除了很多劣质的直播,维护了专业、优质的主播和商家的权益,平台的整体直播质量也得到了很好的保证。

4．机构入驻

旗下有大量主播,且在其他直播平台有过成功合作经验的经纪公司,或者有成功的综艺、电商节目等制作经验的内容制作团队,想要以主播运营机构身份加入淘宝直播,可根据官方提供的详细入驻流程入驻。

2.4.3 精通淘宝直播的操作

1．如何用电脑发布一场直播

淘宝直播目前支持电脑直播和手机直播,由于手机摄像头较差,且配置低的手机无法流畅地进行直播,大多数情况下还是推荐使用电脑直播,在户外直播等需要便携设备的情况下可以用手机进行直播。

电脑发布直播的方法具体如下。

（1）先创建直播预告。

（2）在中控台首页创建普通直播,如图 2-40 所示。

直播形式可根据实际情况选择竖屏或者横屏,一般以竖屏作为常用的直播画面,如图 2-41 所示。

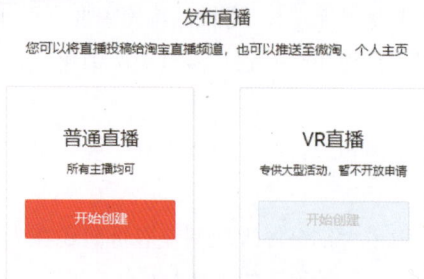

图 2-40　创建直播

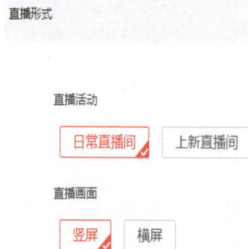

图 2-41　设置直播形式

（3）准确填写直播信息。直播开始时间可设置得比实际的直播开始时间略晚一些，避免超时导致预告失效。

封面、标题、简介需要按照官方要求填写，直播栏目和直播位置也需要准确填写，如图 2-42所示。

图 2-42　设置直播信息

最后添加宝贝后，即可成功发布直播预告，粉丝可以在淘宝直播 App 上看到发布的预告信息，如图 2-43 所示。

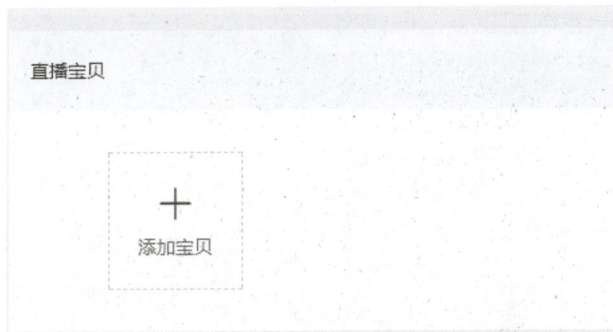

图 2-43　添加宝贝

（4）点击"正式开播"按钮后，即可开始进行直播，系统会将开播信息推送给粉丝，如图 2-44 所示。商家账号还可以将直播同步到详情页，点击"同步到"按钮，即可将直播间的预告同步到相关产品的详情页顶端，从而可以将产品详情页的流量引入直播间，但是在正式开播前，需要在淘宝直播 PC 版客户端软件上设置好各项参数。

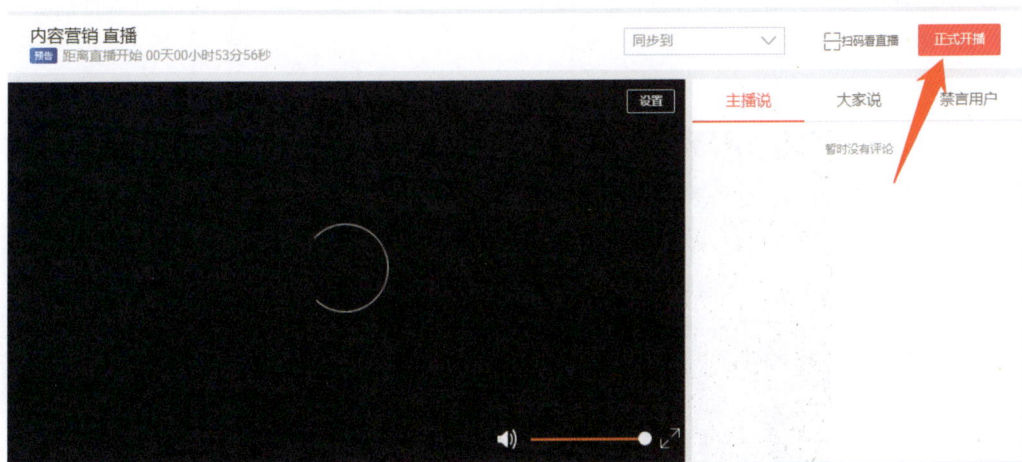

图 2-44　开始直播

（5）下载 PC 版客户端并登录，需要使用店铺主账号进行登录。

如果没有成功发布预告，说明 PC 版客户端抓取不到相关信息，需要在中控台创建后再使用，如图 2-45 所示。

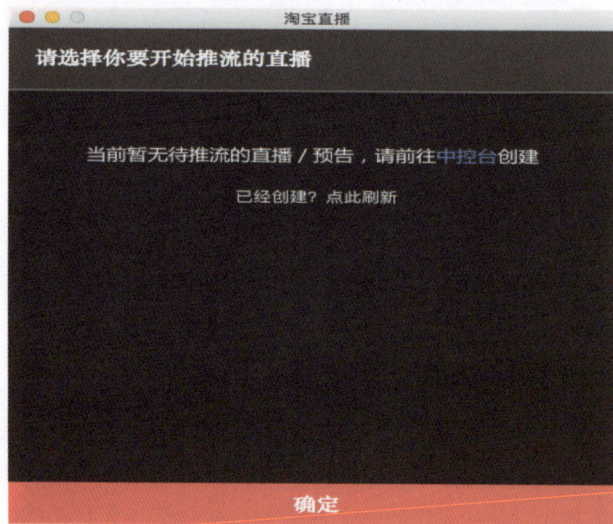

图 2-45　创建待推流直播

　　已有直播和预告，则选择对应的直播或者预告，点击"确定"按钮后即可进入推流界面，如图 2-46 和图 2-47 所示。

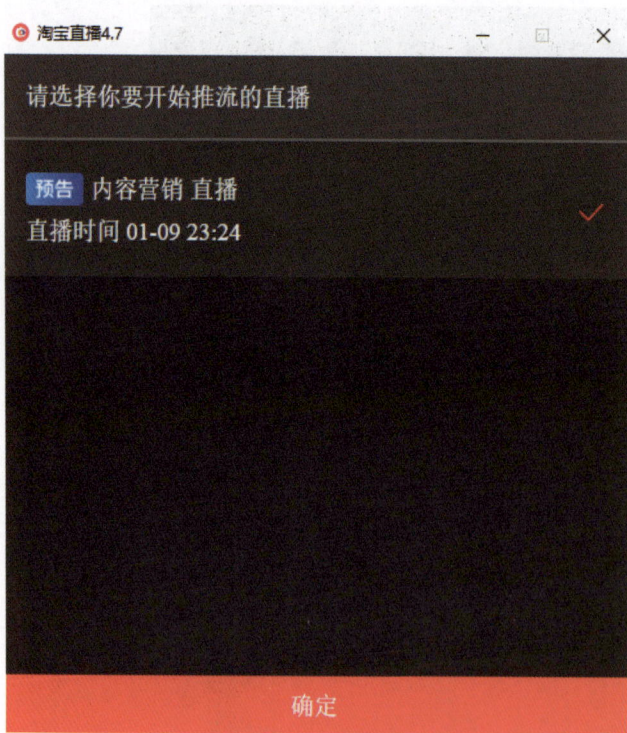

图 2-46　选择推流直播

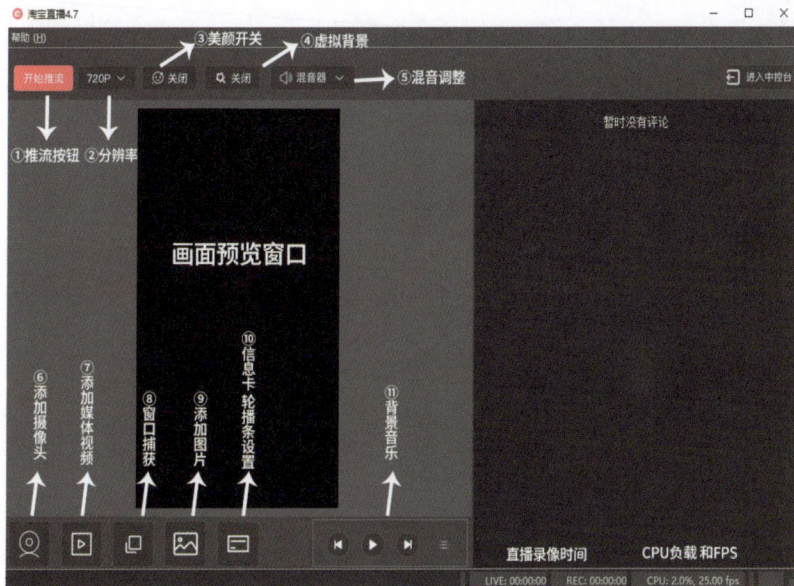

图 2-47　推流界面

（6）添加摄像头。如果有多个摄像头，可以在摄像头设备中选择想要展示的摄像头，如图 2-48 所示。也可以把多个摄像头的画面同时添加到直播当中，实现画中画的效果。

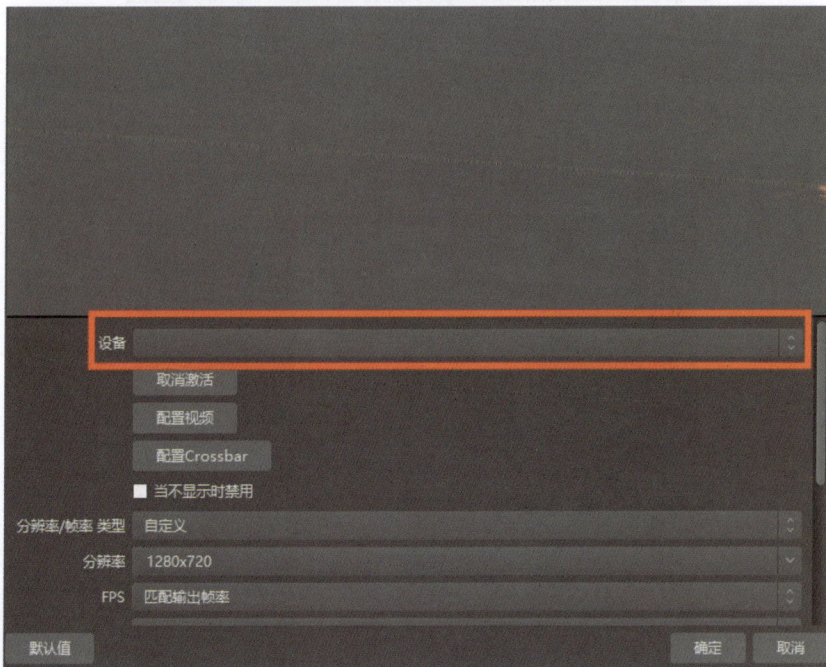

图 2-48　选择摄像头

（7）选择好设备后可以手动调整直播画面位置和大小，右击画面还可以使用删除、旋转、排序、镜像、滤镜等更多功能，如图2-49和图2-50所示。

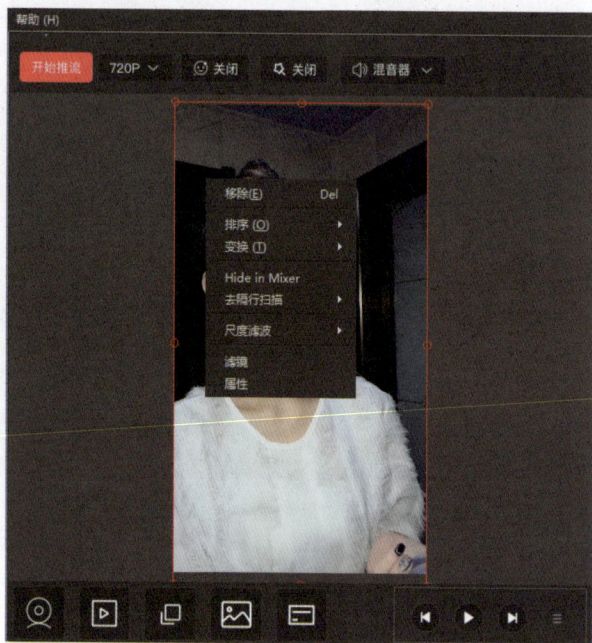

图 2-49　基本设置

添加媒体视频：可以向观众播放本地的视频，添加后调整的方法和直播画面类似。

添加图片：可以把本地的图片添加到直播间中，添加后调整的方法和直播画面类似。

窗口捕获：捕获某一程序的画面，如图2-50所示。

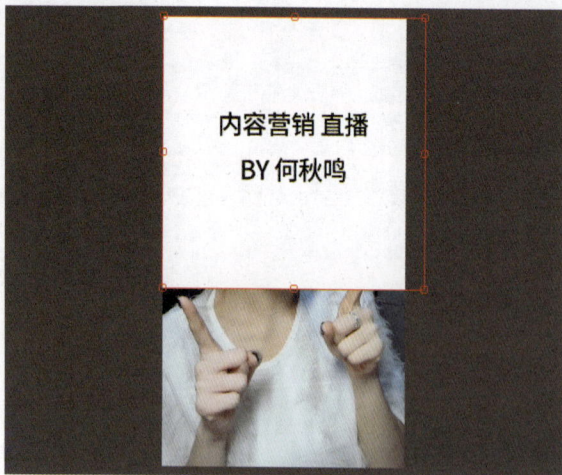

图 2-50　窗口捕获

信息卡：可填写主播相关信息，如想创建更美观的信息卡，可在制作好透明背景的图片后通过添加图片功能添加，如图 2-51 所示。

图 2-51　信息卡

背景音乐：可添加本地的音乐。

混音器：可以调整当前各个媒体来源的音量大小，开启需要的媒体来源、关闭不需要的媒体来源，如图 2-52 所示。

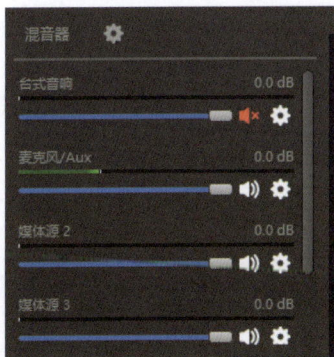

图 2-52　混音器

虚拟背景：类似拍摄电影、电视节目时去掉画面中的单一背景色的功能，如在绿幕下拍摄人物，可将人物主体从绿色背景中利用抠图功能抠出，再置入虚拟背景中，如图 2-53 和图 2-54 所示。

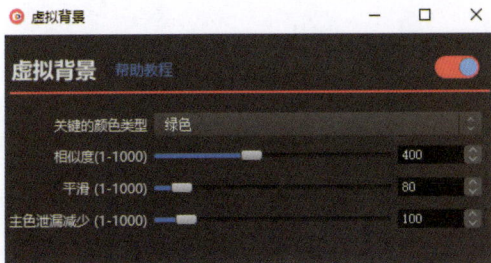

图 2-53　淘宝直播 PC 客户端自带的虚拟效果调整

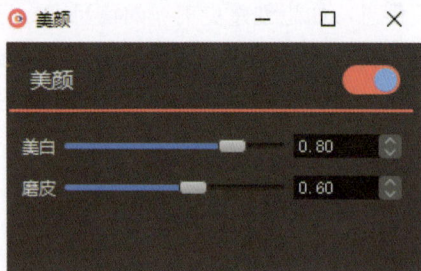

图 2-54　淘宝直播 PC 客户端自带的美颜效果调整

（8）当所有音频、视频参数设置好，画面调整好后，点击"开始推流"按钮，并在中控台点击"开始"按钮。正式开播后，即可将直播画面推送给所有的观众。直播结束后需要点击"结束推流"按钮。

2．如何用手机发布一场直播

（1）打开淘宝直播 App，点击"创建预告"按钮，如图 2-55 所示。

图 2-55　创建预告

创建预告需要填写的信息和要求与 PC 端一致。

如不想做预告直接开始直播，可点击"创建直播"按钮，创建好后可直接进入直播操作界面，如图 2-56 所示。

（2）在淘宝直播 App 首页可以看到我们创建的预告，点击"开始直播"按钮后即可进入直播操作页面，如图 2-57 所示。

图 2-56 创建直播

图 2-57 创建直播内容

（3）进入直播操作页后点击"开始直播"按钮即可向观众推送直播画面，如图 2-58 所示。

图 2-58 直播画面

观看数：可以查看总的观看人次和当时在线的观看人数。

切换摄像头：可以切换前置、后置摄像头。

设置：可以开启美颜、闪光灯。

购物袋：可以查看已经添加的产品。

添加产品：可以继续添加需要展示的产品。

（4）开始直播后，粉丝就可以和主播互动，主播也可以将直播提醒推送给粉丝，每天可推送的直播提醒次数有限制。如主播想要对某产品的直播进行视频录制，可以使用录制工具选择产品后录制，这样直播的视频画面就会被保存下来，如图 2-59 所示。

（5）直播结束后，可以看到本场直播的相关数据，如图 2-60 所示。

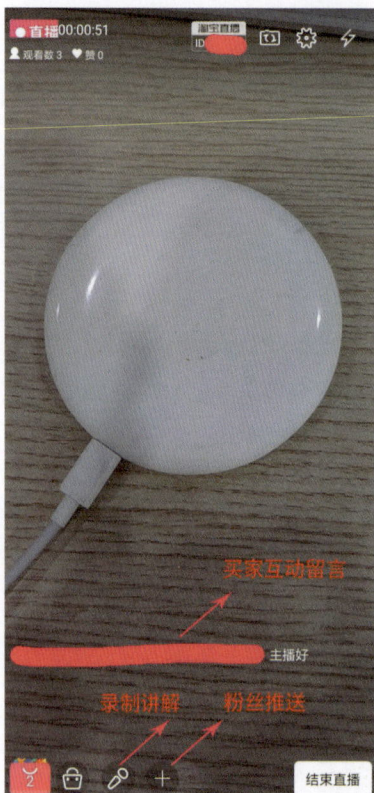

图 2-59　直播画面

图 2-60　直播详情

要想制作直播切片，可以用"创建视频"功能，直播切片可以针对某一产品进行专门的讲解，观众不需要去翻阅长时间的直播，可以直接在淘宝直播 App 某一主播的直播间中观看有兴趣的产品介绍，错过直播的观众也可以通过视频来进行观看。

3．智能直播工具的使用

PC 端的中控台有非常多的智能直播工具，利用这些工具可以非常方便地进行互动和促销。

1）个人资料智能回复

在淘宝直播中控台“账号设置”的“个人资料”中，可以填写主播的相关资料与优惠信息，观众在询问相关问题后系统会自动回复。由于该功能还在测试中，部分性能不完善且只对部分直播间开放。智能回复的本质是对直播中一些高频的问题进行自动回复，减少主播的压力，由于主播互动回复的次数有限，智能回复也能照顾到更多的观众，如图 2-61 所示。

个人资料 本功能为实验性新功能，部分直播间，当用户问到模特信息的时候会自动弹出

身高	165
体重	43
衣服码数	M
年龄	21
直播优惠	我是优惠暗号55

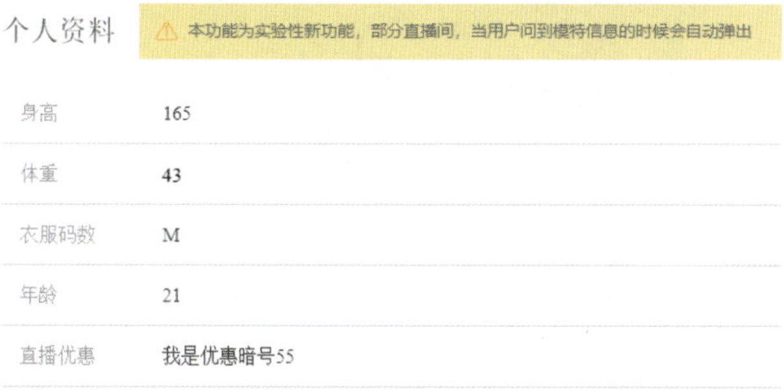

图 2-61　个人资料

当观众询问主播身材信息时（如身高、体重、年龄、衣服尺码），直播间会展现相应的回复，如图 2-62 所示。

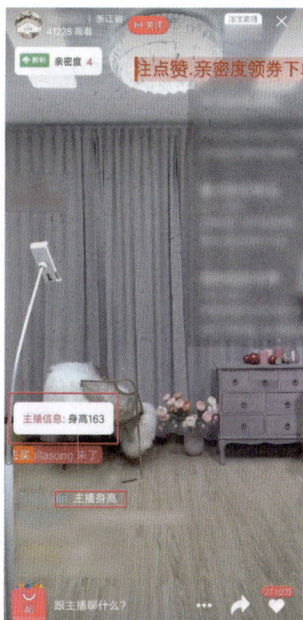

图 2-62　直播功能参考

当有人问"×号产品有什么优惠"时，智能回复会回复相关产品的优惠信息，如图2-63所示。

图2-63　直播过程中的智能回复

未来还会有更多的功能，请时时关注官方的功能更新信息，使直播更加便捷，更加智能化。

2）中控台简介

中控台是实用性很强的直播互动工具，直播开始后，预览屏幕下方会有很多互动工具，右边是互动信息查看面板。淘宝商家、天猫商家、达人账号的工具略有不同，我们以天猫商家账号为例进行介绍，如图2-64所示。

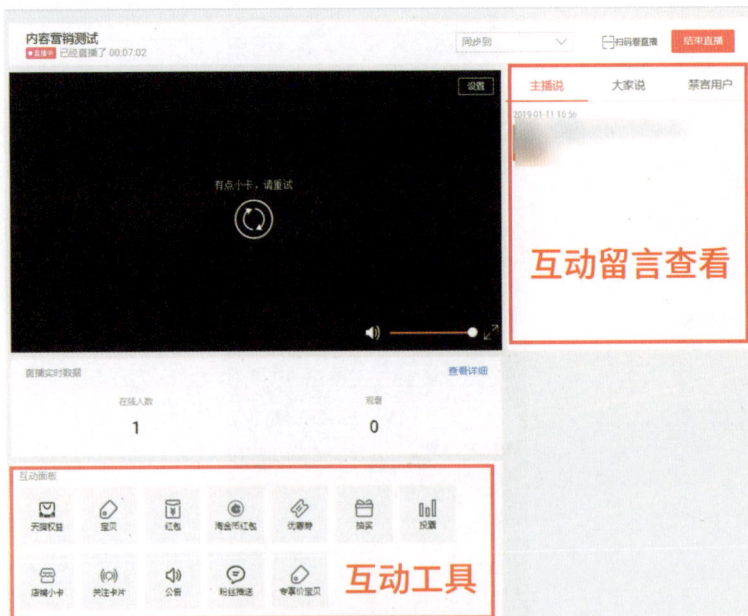

图2-64　中控台

天猫权益：仅天猫商家有该功能，该功能有更多的互动玩法。

宝贝：主动向观众推荐某一产品的链接。

红包、淘金币红包：主动向观众发放红包，可以选择性发放，如只向铁粉以上或者只向钻粉以上发放。

优惠券：主动向观众发送某产品或者店铺的优惠券，是一种常用的功能，可以在介绍某一产品的时候向观众发放对应的优惠券。

抽奖：常用的福利发放工具，主动发起抽奖，可以抽取实物产品或者优惠券等虚拟产品。

投票：创建至少两个选项让观众投票。

店铺小卡：主动向观众发送引导进入某家店铺的链接。

关注卡片：常用的"吸粉"工具，主动向没有关注的观众发送关注直播间的按钮。

公告：主动向观众发送一则公告。

粉丝推送：向所有粉丝发送直播推送。

专享价宝贝：发送特价产品。

淘宝直播也在不断优化智能工具，方便主播和商家去做促销和引导，同时也让消费者更加方便地去购买相关产品。

3）标记看点与直播看点功能

在宝贝列表中可以看到"标记看点"的按钮。当主播在讲解某款产品时，主播可以点击对应产品的"标记看点"按钮，记录接下来讲解的视频，当讲解下一款产品时，主播点击对应产品的"标记看点"按钮，就会停止对上一款产品的记录并自动开始记录接下来讲解的视频，如图 2-65 所示。

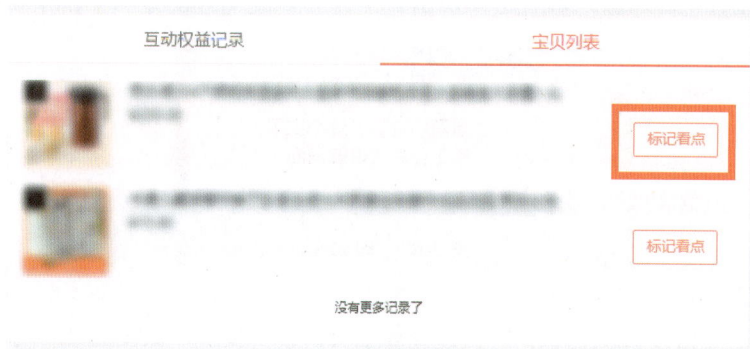

图 2-65　标记看点功能

由于一场直播中涉及的产品比较多，观众可能会错过已经讲解过的产品，且主播当时正在讲解其他产品，没有时间单独为某一位观众重复讲解，那么这时观众就可以用"直播看点"功能回放当时讲解的内容。观众在直播间的购物袋中可以一键回放主播记录的视频，如图 2-66 所示。

图 2-66　回放按钮

　　当点击回放按钮时，会出现"主播刚刚讲解过这个宝贝，您正在观看讲解画面"的提示，并开始回放主播标记的录像，如图 2-67 所示。

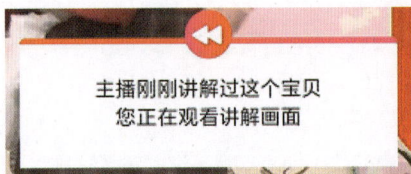

图 2-67　回放画面

　　观众使用直播看点功能观看某主播的直播回放时，也可以选择观看某一款产品的讲解过程，点击屏幕或者拉动进度条就会看到"快速查看宝贝讲解"模块，如图 2-68 所示。一场回放一般要几个小时，观众去找某款产品的讲解很麻烦，直播看点就提供了快速找到自己感兴趣的内容的功能，非常方便，从而也促进了产品的成交。

图 2-68　直播看点功能

4．直播数据分析

每当一场直播完成后，在 PC 端中控台后台可以查看直播的相关数据，做直播数据复盘，可以通过数据来分析直播中的各个问题。

点击"查看数据详情"链接，可以看到直播中控台自动整理出的各种数据报表，如图 2-69 所示。

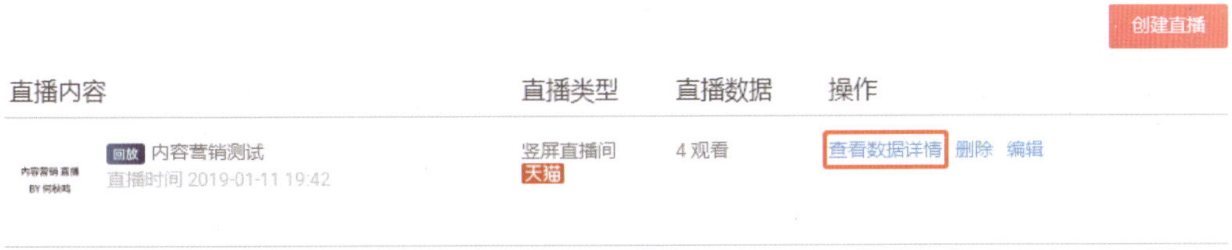

图 2-69　直播整体效果

在这里可以查看直播过程中观众进入和离开的情况，以及进一步细分的粉丝进入和离开的情况。通过"累计观看"和"最高在线"两个数据，可以大致知道本次直播的人气。通过分析时间段，可以知道本次直播的高峰期和低谷期出现的时间，也可以了解流量的高峰与低谷的情况。根据观众的离开情况，能了解直播中出现的问题，如某一时刻观众离开特别多，就可以找到当时的回放，观察直播时是否出现了让观众不适的内容。反之，在观众离开较少的时段，也可以找到回放，分析是否有相对吸引人的内容。

累计观看：即直播的累计观看人数。通过分析数据中粉丝和非粉丝的比例，也可以大致知道直播间新观众进入和离开的情况，如图 2-70 所示。

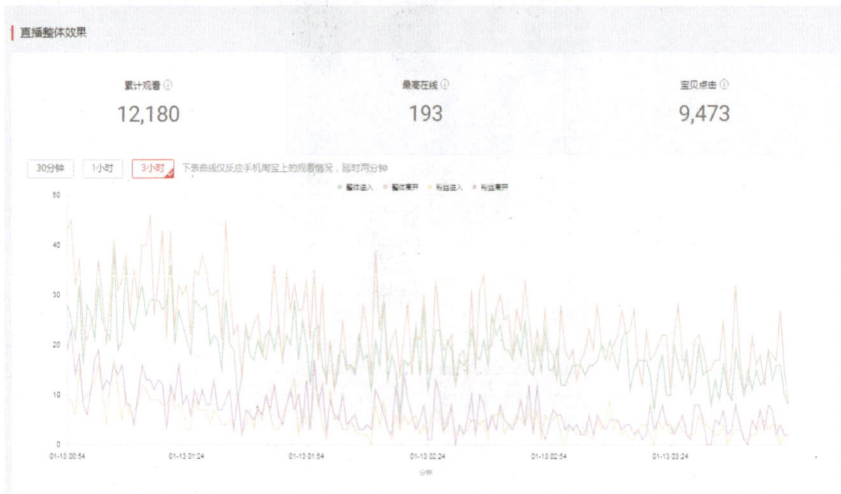

图 2-70　直播数据

最高在线：精确到每分钟的观众在线人数，并细分出了粉丝在线人数。最高在线功能更直观地展现了直播间人气、流量的高峰低谷情况和直播的效果，如图 2-71 所示。

图 2-71　最高在线数据分析

宝贝点击：精确到每分钟的宝贝点击人数，能直观体现整场直播的宝贝点击情况，同时也可以根据点击的高峰和低谷，回放直播分析原因，如图 2-72 所示。

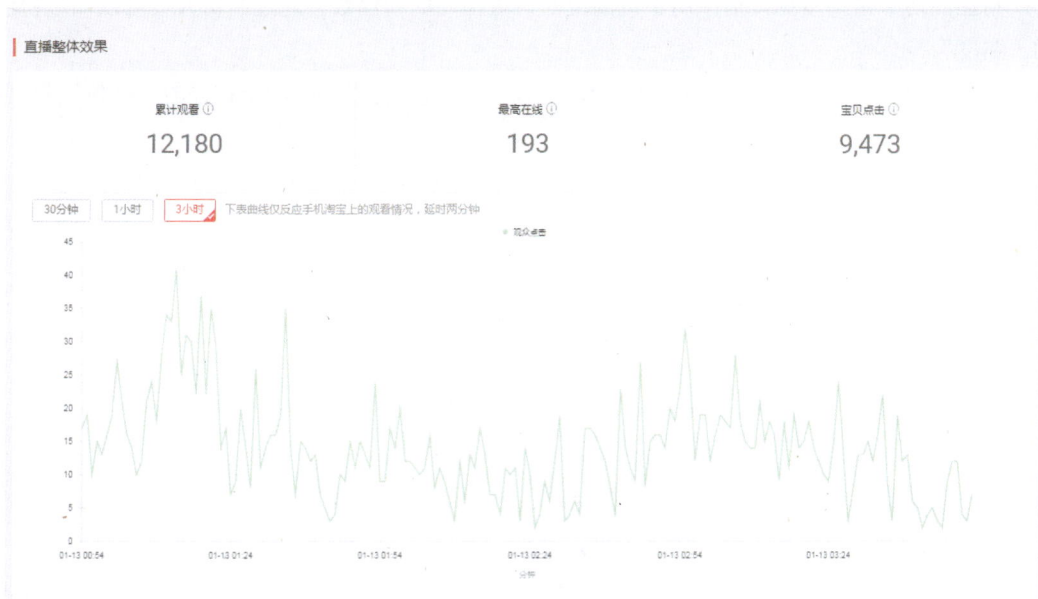

图 2-72 宝贝点击数据分析

直播间流量来源：可以通过直播间各个流量来源来找到流量欠缺的渠道，发现其中的问题，如图 2-73 所示。

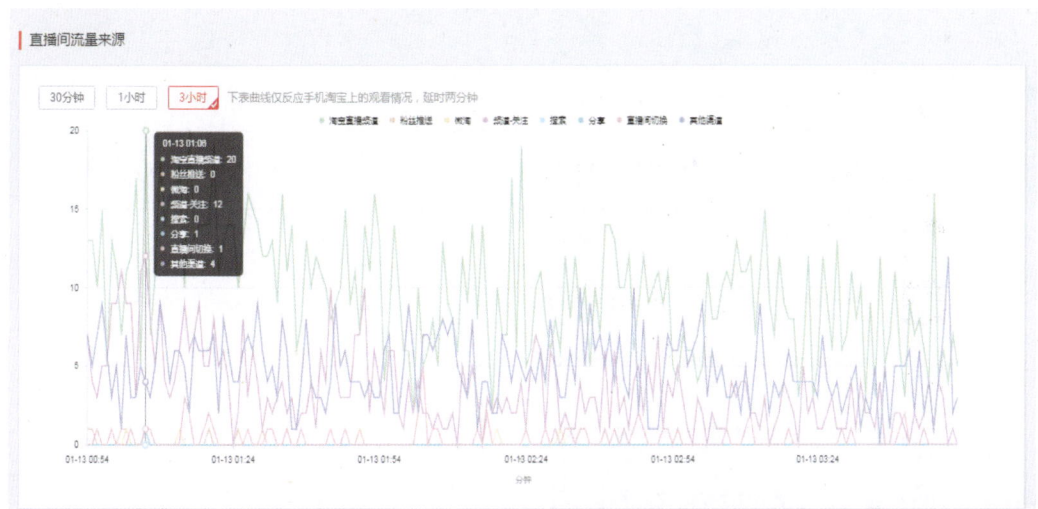

图 2-73 直播间流量来源数据分析

粉丝人均观看时长：显示粉丝在本直播间的平均停留时长。

观看指数：粉丝观看时长的参考指数，通常情况下，该数字越大代表粉丝观看时长越长，非粉丝观看时长越短。该数字小于1，则粉丝观看时长太短。

粉丝回访：是指本场直播中用手机淘宝回访直播间的粉丝数。通过回访人数可以知道粉丝的"黏度"。

新增粉丝：本场直播的新增粉丝数，通过新增粉丝人数可以知道本场直播的"吸粉"效果，如图2-74所示。

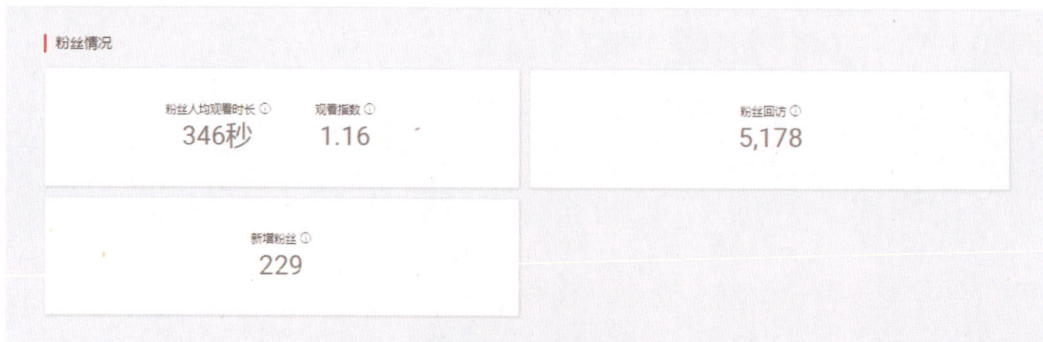

图 2-74　粉丝情况

商品点击效果：直观展示各个坑位的商品点击人数，一般来说，靠前的几个展示坑位的点击量会更多，可以通过相近几个坑位的点击量对比和回放当时的直播效果综合分析商品对粉丝的吸引力，从而筛选出较好、较差的商品表现情况，如图2-75所示。

编号	商品信息	商品点击	粉丝产生的点击占比
76	自然旋律眼膜贴女去淡化黑眼圈细纹眼袋柔致淡纹消补水眼贴膜	105	54.29%
75	稚优泉樱花三色花瓣腮红裸妆修容保湿提亮肤色橘色晒红蜜盒自然女	257	79.38%
74	三生石桃子润蜜桃霖女士低度果酒蜜高颜值走心礼物走心礼物桃花酿	173	73.99%
73	三生石青梅酒梅子酒少女颜值走心礼品水果酒甜甜陶瓷古风低度酒	85	74.12%
72	安苪Anrou2水润丝滑霜丝滑润肤密集滋养补水保湿早晚护肤品面霜女	38	73.68%
71	3盒装纯棉洗脸巾女一次性居居氏面巾纸bb抽取式美容专用巾盒装柔	68	67.65%
70	美康粉黛眼线液笔持久防水防汗不易晕染大限定仿初学者软头失棕色	381	72.44%

图 2-75　商品点击效果

2.5 淘宝商家与第三方进行直播合作

2.5.1 阿里 V 任务合作流程

阿里 V 任务是阿里巴巴旗下的内容服务平台，入驻了来自全国各地的内容服务商和达人，服务内容包含直播服务、短视频服务、图文服务。商家可以在阿里 V 任务平台上寻找合适的服务商和达人进行内容合作。

1．与直播机构合作

淘宝直播机构是拥有多个签约达人的内容服务企业，有更完善的团队去运营和维护直播。要想与直播机构进行合作，可以在阿里 V 任务的直播服务模块点击"机构"按钮，浏览并筛选机构，或者搜索想要合作的机构，如图 2-76 所示。

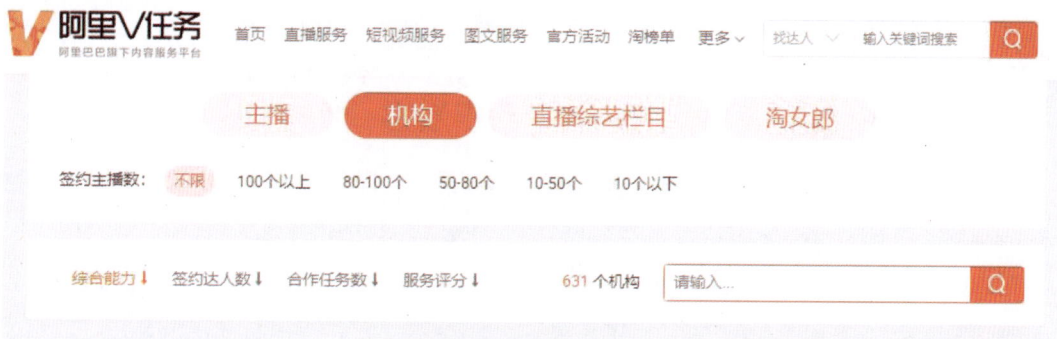

图 2-76　阿里 V 任务

进入机构的"服务详情"和"累计评价"页面，可以看到各种服务的报价和评价，如图 2-77 和图 2-78 所示，建议直接与想合作的机构进行联系。

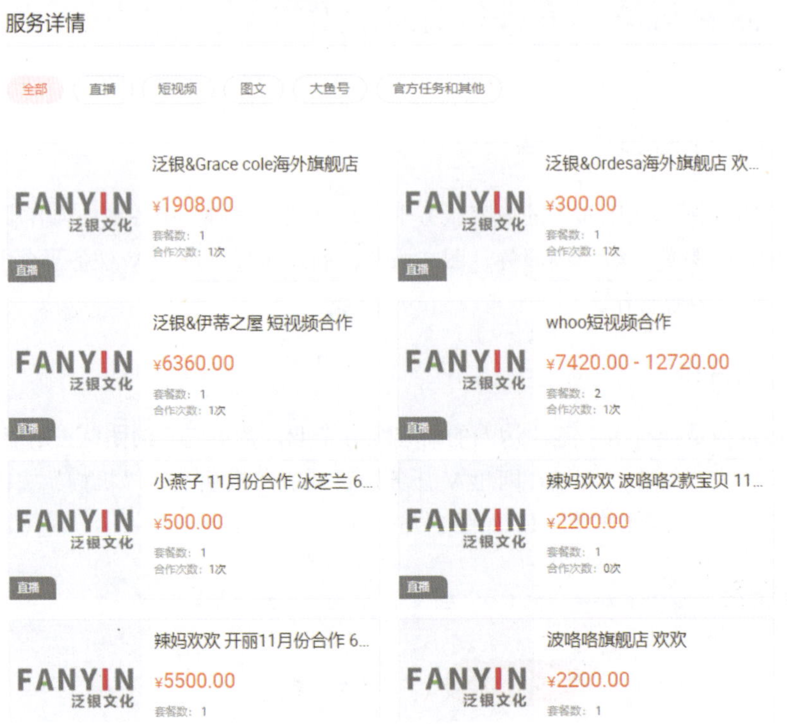

服务详情

全部　直播　短视频　图文　大鱼号　官方任务和其他

泛银&Grace cole海外旗舰店
¥1908.00
套餐数：1
合作次数：1次

泛银&Ordesa海外旗舰店 欢...
¥300.00
套餐数：1
合作次数：1次

泛银&伊蒂之屋 短视频合作
¥6360.00
套餐数：1
合作次数：1次

whoo短视频合作
¥7420.00 - 12720.00
套餐数：2
合作次数：1次

小燕子 11月份合作 冰芝兰 6...
¥500.00
套餐数：1
合作次数：1次

辣妈欢欢 波咯咯2款宝贝 11...
¥2200.00
套餐数：1
合作次数：0次

辣妈欢欢 开丽11月份合作 6...
¥5500.00
套餐数：1

波咯咯旗舰店 欢欢
¥2200.00
套餐数：1

图 2-77　服务详情

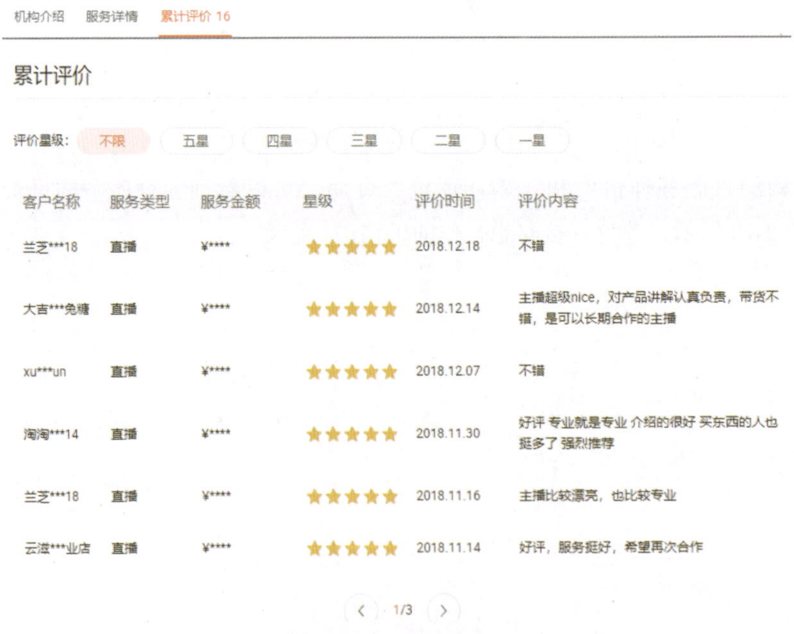

机构介绍　服务详情　累计评价 16

累计评价

评价星级：　不限　五星　四星　三星　二星　一星

客户名称	服务类型	服务金额	星级	评价时间	评价内容
兰芝***18	直播	¥****	★★★★★	2018.12.18	不错
大吉***免糖	直播	¥****	★★★★★	2018.12.14	主播超级nice，对产品讲解认真负责，带货不错，是可以长期合作的主播
xu***un	直播	¥****	★★★★★	2018.12.07	不错
淘淘***14	直播	¥****	★★★★★	2018.11.30	好评 专业就是专业 介绍的很好 买东西的人也挺多了 强烈推荐
兰芝***18	直播	¥****	★★★★★	2018.11.16	主播比较漂亮，也比较专业
云滋***业店	直播	¥****	★★★★★	2018.11.14	好评，服务挺好，希望再次合作

‹　1/3　›

图 2-78　累计评价

2．与淘宝主播合作

要想与主播进行合作，可在直播服务模块的"直播服务"中查找、筛选主播，并进入主播的主页进行查看，如图 2-79 所示。

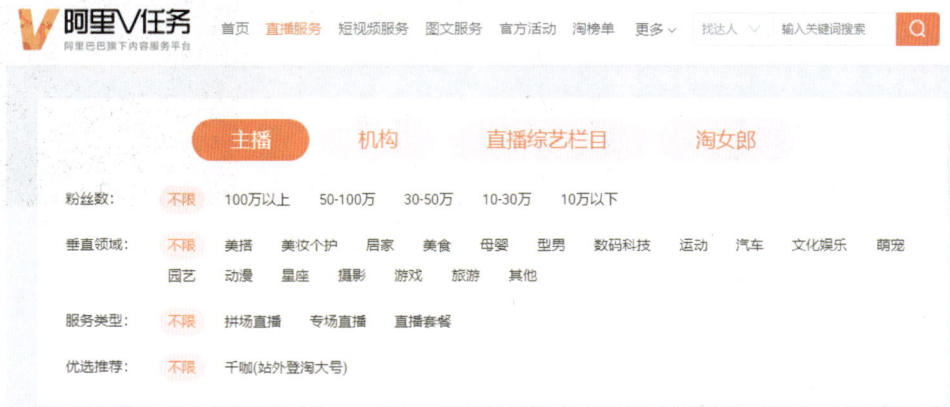

图 2-79　主播详情

如图 2-80 所示，当主播资料中显示"所属机构"时，说明主播已经和机构进行签约，与主播的合作依旧是经过机构的。没有显示"所属机构"的才是没有签约过的主播，我们可以直接与主播个人或者个人的团队进行合作。

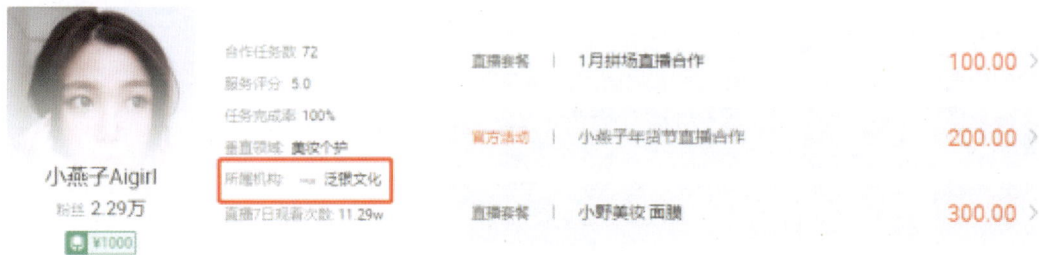

图 2-80　主播详情主页

3．直播通

直播通是阿里 V 任务提供的一个便于商家与主播合作的新平台，在阿里 V 任务的直播模块中，商家主动找主播或机构进行合作，而在直播通模块中，商家主动上传自己想要直播的产品，并提供相应的佣金，由主播来挑选。

在阿里 V 任务的首页可以找到直播通的入口，如图 2-81 所示，入驻成功后即可进入商家的直播通后台，如图 2-82 所示。

图 2-81　直播通入口

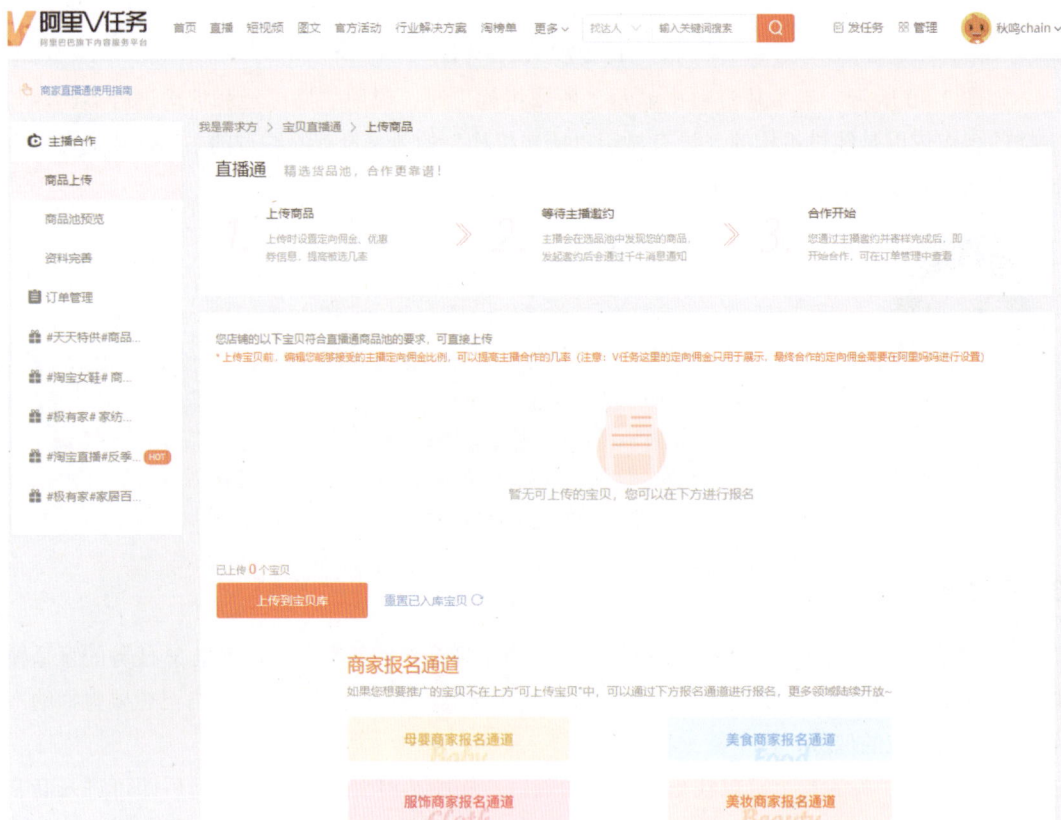

图 2-82　商家的直播通后台

直播通大致的使用流程如下。

（1）上传产品，如图 2-83 所示。勾选需要上传的产品，上传时设置定向佣金以及优惠信息，更高的佣金和更大的优惠力度更能够吸引主播选择。

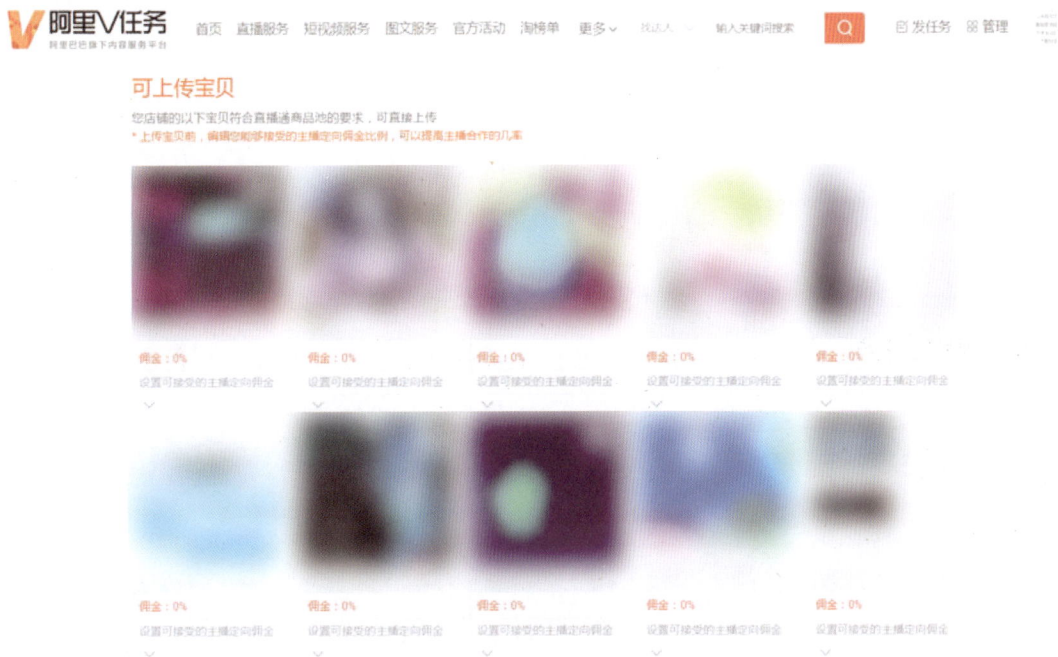

图 2-83　上传宝贝

（2）等待主播邀约。主播在选品池中可以看到各个商家上传的产品，发起邀约后商家可以在收到相关的通知，商家可以在阿里 V 任务的管理后台进行审核，如果有多个主播邀约，商家可以选择一个或者多个主播进行合作，如图 2-84 ～图 2-87 所示。

图 2-84　管理后台入口

图 2-85　直播通审核入口

图 2-86　直播通待审核界面

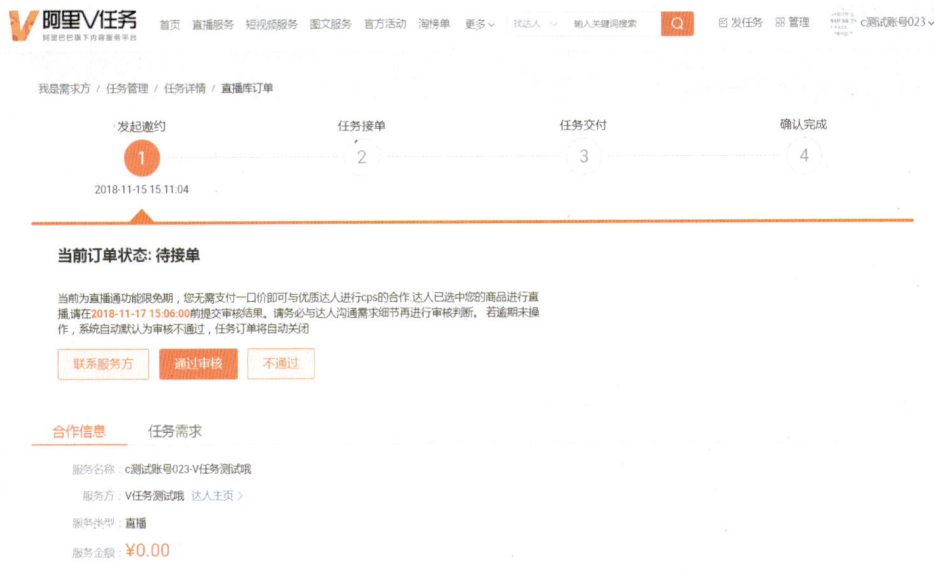

图 2-87 直播通审核界面

（3）开始合作。商家接受邀约后，及时将产品寄送给主播，并做好相关的对接工作，如产品培训资料、优惠力度和时间等。主播按照约定时间完成任务，商家可在后台确认完成，并查看直播数据，之后可以对主播进行打分评价，如图 2-88 和图 2-89 所示。

图 2-88 直播通确认界面

图 2-89　直播通评分界面

4．直播服务合作模式

（1）混播：商家提供的产品与其他各个商家的产品混在一起进行直播，服务价格较低、直播时间较短，混播时主播一般对每件产品只进行 5～8 分钟的演讲，因此带来的效果有限。

（2）专场：直播某一商家提供的一系列产品，价格较高，但是在较长的时间（如 1 小时）内直播的都是单一商家或者品牌的产品，因此效果也较好。

（3）月度、年度合作：和主播或者机构签订月度或者年度合作协议，长期进行直播合作。在产品直播效果一直良好的情况下可以进行长期的合作。

（4）店铺代播：阿里 V 任务平台已经试行"商家服务商"业务，商家可以和相关机构合作店铺代播业务，由机构提供主播及直播场地，来给商家的店铺产品进行代播。如果店铺本身粉丝比较多，且缺少直播人才、场地，则可以和相关机构签约，进行代播合作。

2.5.2　与主播合作的技巧

1．筛选优质的主播和服务商

与优质的主播进行合作能够大幅度提升直播的传播效果，可通过查看观众对主播或者机构的评价、回放主播的直播，综合筛选适合自己产品的优质主播。

（1）主播的主要直播类目与自己的产品相符。

（2）主播直播的产品相对垂直，直播间直播的产品行业类目不杂乱。

（3）主播个人形象好，口才佳，综合能力强。

（4）直播间有较丰富的营销活动和技巧。

（5）有跟播人员、助理、经纪人的主播一般是比较有实力的主播。

（6）可根据观看量、粉丝数、点赞数、互动情况等数据筛选主播。当然数据越好价格越贵，选择性价比较高的直播服务即可。为了避免主播有刷数据的行为，可以观看主播的一场直播，分析直播效果和实际的粉丝互动情况，对主播进行综合判断。

2. 需要配合直播服务做的营销

（1）提供详细的产品卖点信息，一般主播会要求提供产品的至少三个卖点信息。

（2）规划好直播产品的促销或优惠方案，如直播间专属优惠券、主播专享价等。

（3）做好直播产品的美工设计，在主图、详情页中加上直播相关的促销元素。

（4）对直播的产品要做好关联营销，实现直播流量利用率最大化。

2.6 抖音电商直播平台

1. 抖音商品橱窗功能

要开通商品橱窗功能，首先需要满足抖音官方的要求。目前的要求为至少已发布或已审核通过 10 个非隐私视频，且已过实名认证，如图 2-90 所示。用户开通商品橱窗功能后可以添加平台精选、淘宝客的商品链接，抖音用户通过抖音商品橱窗购买的商品，会根据平台精选、淘宝客设定的佣金比例来获得收益，抖音平台也要收取一定的服务费用。

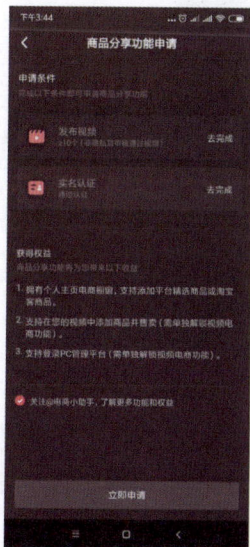

图 2-90　橱窗申请条件

在商品橱窗添加商品的步骤如下。

（1）打开抖音个人主页，点击菜单按钮，点击"设置"按钮，如图 2-91 所示。

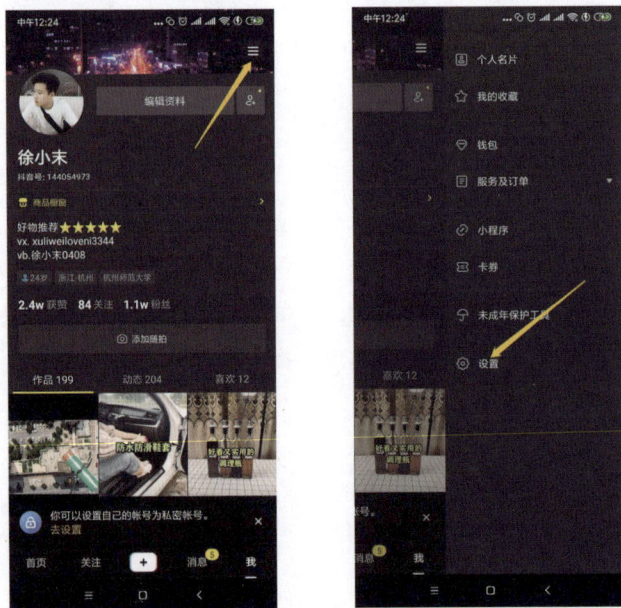

图 2-91　添加橱窗商品的步骤

（2）点击"电商工具箱""商品橱窗管理"，如图 2-92 所示。

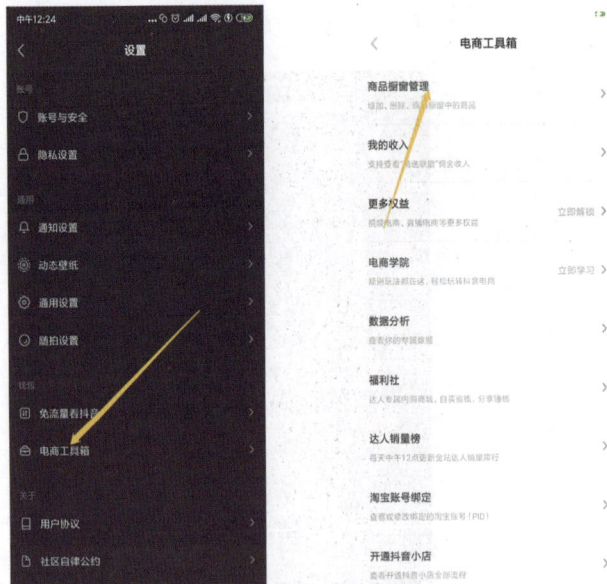

图 2-92　添加橱窗商品步骤

（3）如图 2-93 所示，在"商品橱窗管理"中，可以看到已添加的商品，点击右上角的"添加商品"，可以通过商品的链接、淘口令来添加精选联盟商品和淘宝商品，也可以直接在其推荐的页面搜索相关商品进行添加。

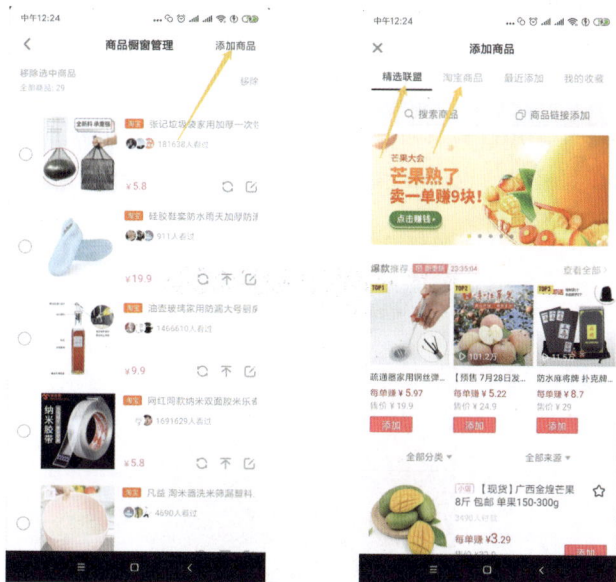

图 2-93　在"商品橱窗管理"中添加商品

（4）添加好商品链接后，通过个人主页的"商品橱窗"入口，可以看到所有已添加商品，以及与该商品相关的抖音短视频，如图 2-94 所示。

图 2-94　查看商品橱窗商品

2．抖音直播简介

　　在抖音平台短视频的巨大流量支撑下，抖音根据大量用户的需求开通了抖音直播功能，让短视频达人可以与观众有更深入的接触，直播的开通让不少达人有了更多的变现渠道。

　　抖音直播包含娱乐性直播（游戏直播、才艺直播等）和电商直播（类似淘宝直播），主播可以通过打赏来获得收益，也可以通过推销橱窗商品来获得收益。

　　抖音直播的入口是抖音 App 首页右上角的"直播广场"，点进去后可以看到抖音推荐的很多直播间。短视频正在直播时，也会显示表示正在直播的"LIVE"图标，如图 2-95 所示。点击主播头像便可直接进入直播间。

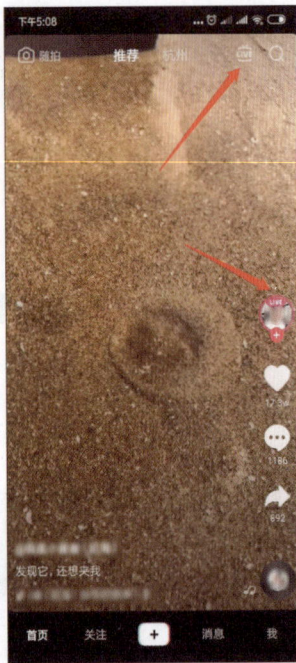

图 2-95　抖音直播入口

3．抖音直播操作

　　（1）抖音直播权限目前仅对部分账号开放，一般情况下，当一个账号的活跃度、粉丝量达到一定要求时，直播权限就会对其开放。在拥有抖音直播权限的账号下方点击"+"号，就可以找到发布直播的设置，输入标题，更换封面，并将"本次直播进行商品展示与售卖"的选项勾选上，就可以发布一场可以在直播间销售商品的直播，如图 2-96 所示。

　　（2）点击"开始视频直播"按钮后，下一步是添加直播商品，如图 2-97 所示。勾选本场直播需要直播的商品后，点击"下一步"按钮，即可正式开始直播。

图 2-96　创建直播

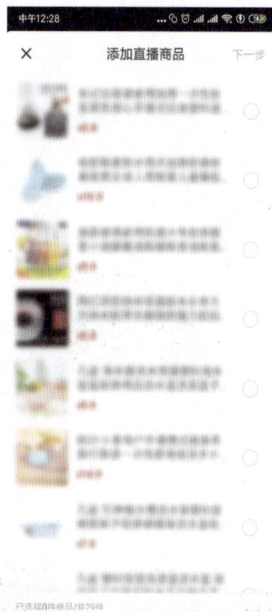

图 2-97　添加直播商品

（3）开始直播后，可以点击更多菜单按钮，使用美颜、滤镜、头饰等直播间效果美化工具，如图 2-98 所示。

图 2-98　直播间工具

美颜、滤镜、头饰可以美化人物，装扮贴纸可以在直播间相应位置添加一些图片、文字信息，可用于提醒观众关注、点赞等，如图 2-99 所示。

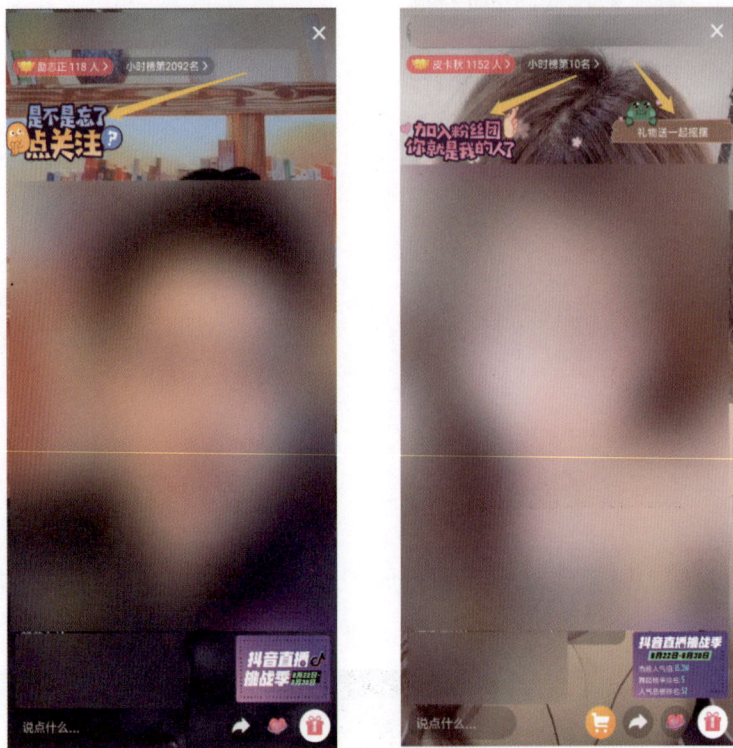

图 2-99　直播间贴图

（4）点击下方的购物车按钮，主播和商家都可以看到本场直播的商品，主播可以点击"讲解"按钮来讲解正常直播的商品，如图 2-100 所示。观众则可以直接点击链接进入商品购买页面。

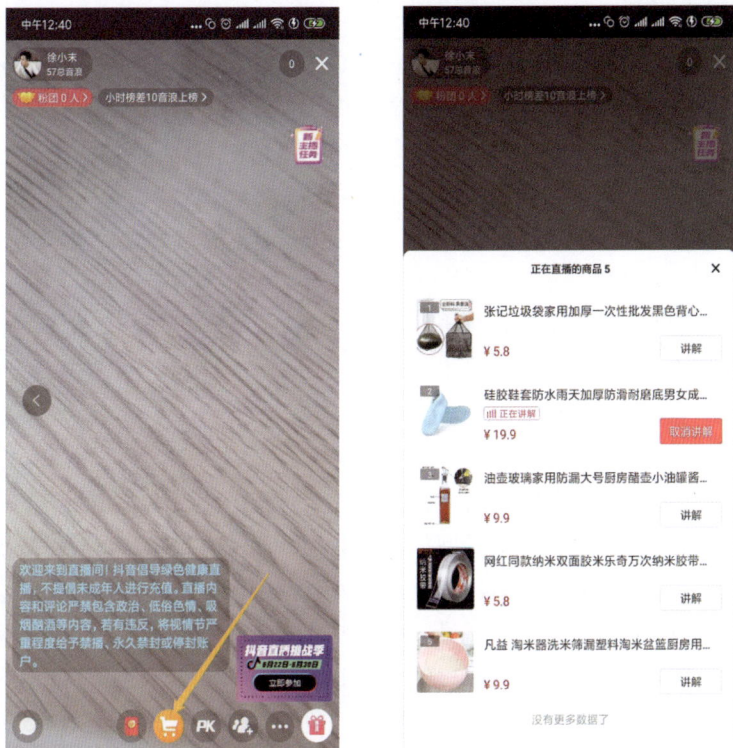

图 2-100　查看直播商品

问题思考

1．电商直播相对于电视直播销售的最大优势在哪里？

答：电商直播相对于电视直播销售最大的优势在于 KOL 效应，电视直播的销售人员纯粹是销售人员，而电商直播的主播不仅仅是销售人员，还是网红，甚至是明星，拥有自己的知名度、品牌形象、专业认可、粉丝的信任，从而导致消费者对产品的信任程度要远远高于电视直播销售。

2．淘宝直播相对于非电商直播平台的变现能力优势体现在哪里？

答：非电商直播的变现来源主要是刷礼物、代言广告，限制较多，衍生的收入来源有限，平台的抽成也高，甚至要抽成大部分，因此利润较低。此外还要考虑粉丝的不满情绪，大部分粉丝是以娱乐的心态来看直播，因此直播中不能过多加入广告内容。

电商直播的变现来源主要是自己产品的销售利润、商家的服务费用、商家产品的佣金，平台抽成也很低，利润要高很多，并且可以大量加入广告内容，因为粉丝是以消费为目的来看直播的，因此变现更加容易。

3．作为刚开始做直播的商家，需要打好哪些必要的直播基础？

答：确保直播设备齐全、场地合适美观、人员齐全。学习中控台的操作，以及 PC 端和手机端的操作。保证直播时间足够长，并一直坚持做直播不间断。时刻关注直播的活动、规则。

4．通过直播中控台的数据，发现某一段时间内在线人数比其他时间更多，但是观众进入人数并不比其他时间段更多，请分析当时可能出现的情况。

答：说明当时的直播内容非常吸引观众，可能是有以下的福利或活动。

（1）观众福利，如抽奖。

（2）有超值的秒杀、特价活动在预告，观众在等待秒杀开始。

（3）主播当时的演讲非常生动、吸引观众。

（4）主播有才艺表演。

（5）出现某些"意外"引起观众关注。

5．直播效果变差，可以通过什么样的方法去找到背后的原因？

答：分析中控台的各项数据，观看回放，仔细分析直播的效果。如直播指数过低，则说明人均停留时间较短，可能直播的效果比较差，不够吸引人。在直播间和粉丝群与粉丝互动，了解粉丝的意见，如很多粉丝反应产品质量一般，则可能是直播的产品出现了问题，导致粉丝的信任度降低、复购率降低。关注同时间段的其他主播情况，如是否在同时间段有大量顶级主播在直播，导致流量都被顶级主播抢走。关注淘宝直播的规则变更，分析是否有违反规则的地方。关注产品的生命周期是否快到了，直播是否有新的营销技巧在流行。

第3章

短视频

本章要点：

- 初识短视频
- 玩转主图短视频
- 打造优质详情页短视频
- 内容短视频"种草"

3.1 初识短视频

短视频即短片短视频，是一种互联网内容传播方式，一般是指在互联网新媒体上传播时长在 1 分钟以内的短视频传播内容。短、平、快的大流量传播容易被互联网使用人群喜爱和接受。

3.1.1 短视频的定义和优势

有声音、有图像的内容形式在社交生活中迅速普及，已经改变了人们的社交习惯，是目前各大互联网平台都重点打造的风口。

淘宝短视频通过不同形式的内容展现方式，从商品的功能、属性、场景、品牌效应等多个方面突出商品的卖点，通过特效包装、渲染，提升自身的价值，让买家充分了解商品的优势，激发买家浏览、下单的兴趣，提升商品的成交转化。短视频比图文更生动形象、包含的内容更多，充分利用了人们碎片化阅读的时间，加深了人们对商品的认知，从而产生了更高的价值。

3.1.2 短视频的分类

短视频主要分为淘宝平台短视频和其他平台短视频。

1. 淘宝平台短视频

1）宝贝主图短视频

（1）电脑端主图短视频。

短视频的画面比例为 16∶9 或正方形，时长不能超过 60 秒，如图 3-1 所示。

图 3-1　电脑端主图短视频

（2）无线端主图短视频。

短视频的时长不能超过 60 秒，建议为 15~30 秒，如图 3-2 所示。

图 3-2 无线端主图短视频

2）宝贝详情页短视频

（1）电脑端详情页短视频。

短视频的时长不限，建议不要超过 3 分钟，如图 3-3 所示。

图 3-3 电脑端详情页短视频

（2）无线端详情页短视频。

短视频的时长不限，建议不要超过 3 分钟，如图 3-4 所示。

图 3-4　无线端详情页短视频

3）内容短视频

（1）爱逛街。

（2）猜你喜欢。

（3）微淘。

2．其他平台短视频

（1）抖音短视频。

（2）快手短视频。

（3）微视短视频。

3.1.3 短视频的应用

1．商品功能和卖点的展示

短视频可以快速表明商品的核心卖点，突出商品比其他同类商品的主要优势，同时结合宝贝详情页围绕主要卖点进行重点展示，如图 3-5 所示。

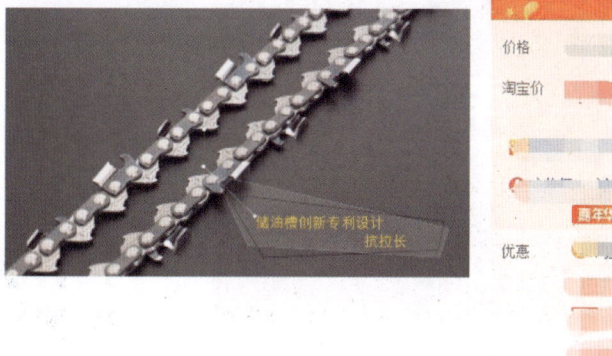

图 3-5 短视频的应用（1）

2. 消费者使用说明和场景引导

短视频使用真实的生活场景，让消费者产生情感共鸣，通过场景烘托产生一种场景代入感，如图 3-6 所示。

图 3-6 短视频的应用（2）

3. 品牌形象类的展示

对于市场上有一定知名度的品牌产品，消费者可能通过其他渠道看到过或者购买过该商品，对品牌很放心，我们可以通过品牌宣传短视频对品牌商品进行宣传，如图 3-7 所示。

图 3-7　短视频的应用（3）

3.2.　玩转主图短视频

3.2.1 主图短视频介绍

1．主图短视频的位置

主图短视频在电脑端位于宝贝主图的位置，在页面打开后，居于首位，如图 3-8 所示。

图 3-8　主图短视频在电脑端的位置

淘宝在无线端添加了主图短视频的宝贝，我们点击主图可以进入宝贝页面，页面在打开后，默认展示主图短视频，如图3-9所示。

图3-9　主图短视频在无线端的位置

2. 主图短视频的价值

（1）提高买家的阅读体验。卖家通过短视频的方式向买家展示店铺的商品，与以前的纯图片展示相比，短视频能够更加直观、有效地向买家传递商品信息，能够更好地呈现商品的实物特点与卖点。如果用静态图片展示商品，那么买家需要根据图片想象，卖家利用短视频则可以呈现一个完整的商品样貌。

（2）增加买家的页面停留时长。如图3-10所示，当店铺没有添加主图短视频时，无线端的页面平均停留时长为14秒。次月在加入主图短视频后，店铺无线端的页面平均停留时长提升至20秒（如图3-11所示）。在增加主图短视频后，买家可以通过观看短视频来了解产品，视频的阅读时长要高于文字的阅读时长，最终提升了买家在商品和店铺页面的总体停留时长，对于提升转化率也会更有帮助。

图 3-10　未添加短视频时无线端买家的页面平均停留时长

图 3-11　添加短视频后无线端买家的页面平均停留时长

（3）提高商品的转化率。静态图片对商品的卖点只能进行一些文字描述，没有短视频那样具象化。比如，对于具有折叠功能的沙发，主图只能用文字告知消费者沙发的折叠功能，但通过短视频，买家可以直观地了解沙发是如何折叠的，如图 3-12 所示。短视频能够让买家更好地了解商品的卖点，可以提高商品的转化率。

图 3-12　沙发折叠动作

3. 主图短视频的要求

（1）主图短视频的时长。系统对短视频的时长限制为 60 秒以内，在实际应用中，时长控制为 10~30 秒更好，时长太长会引起买家的厌烦，时长太短则不能更全面地展示商品。

（2）主图短视频的尺寸比例。短视频的尺寸比例有 3 种，分别为 1∶1、16∶9、3∶4，主图封面的尺寸需要与短视频的尺寸比例一致。

（3）主图短视频的图像要求。短视频图像的清晰度要高，不能有违规信息。

3.2.2 用家具案例教你拍好主图短视频

1. 脚本设计

脚本设计涉及主图短视频的拍摄目的、拍摄风格、拍摄场景等。我们要先为整个拍摄过程做一个方案，后续的拍摄都要围绕脚本进行，脚本是拍摄的灵魂。下面以家具为例，讲解如何进行脚本设计。

（1）确定拍摄目的。以家具为例，拍摄主图短视频有三种目的：①展现商品的款式，做商品介绍；②展示商品的卖点，刺激买家的购物欲望；③展示安装家具的流程，帮助买家安装。

如果目的不同，那么拍摄方案不同。下面的案例商品为懒人沙发（如图 3-13 所示），因此拍摄短视频的目的是体现懒人沙发如何让买家在午后慵懒地休憩，需要体现躺在沙发上很舒服。

图 3-13 懒人沙发

（2）分析场景。对于不同的商品和拍摄目的，我们需要设计不同的场景。如对于户外用品，我们需要在室外拍摄；对于卫浴用品，我们需要在室内拍摄；对于服饰类目商品，我们可以根据风格在室内、室外、摄影棚、街区等多种场景中拍摄。

本次拍摄的懒人沙发，要让人从视觉上感觉舒适，光线需要足够，如果光线不足就会显得压抑，采用从窗外照进来的光会显得很惬意。我们可以用晴天的自然光，也可以在摄影棚中搭建相似的场景。环境需要让人有居家的感觉，这样才会显得更温馨。最终，我们确定在有阳光照入的居家环境中拍摄。

（3）确定拍摄内容。在明确了拍摄目的和场景后，我们需要确定拍摄的内容，如拍摄商品的外观、拍摄商品的细节、拍摄商品的功能、拍摄商品的生产过程、拍摄商品的原材料等。

本次拍摄的懒人沙发要体现让人躺在上面很舒服，我们可以用懒人沙发自身的多重功能呈现各种躺的姿势和沙发造型，让买家感受到躺在这个沙发上真的舒服。

2. 场景构架

场景构架要在脚本设计选定需求场景之后，再根据具体的场景最终选定。

（1）选择现有的场景。在拍摄时，我们可以直接选择已经存在的环境进行拍摄。例如，对于家具类的商品，我们可以选择在家里拍摄，也可以选择在商品展示馆里拍摄，或者在生产的车间拍摄，这些场景都是现有的固定的场景。

（2）搭建新场景。在拍摄时，我们可以根据要拍摄的需求场景模拟环境，搭建新的场景。例如，在摄影棚中，我们可以用沙发、茶几、空调、花瓶、隔断屏风等物品搭配出居家的环境。

本次拍摄的目的是更好地体现懒人沙发的舒适度。在摄影棚中，我们用沙发、毛地毯、散落的书、摄影灯打光，营造出了午后阳光照到沙发上，美女慵懒地躺在沙发上的情景（如图 3-14 所示）。

图 3-14 场景展示

3．样片拍摄

根据脚本中的拍摄内容，在选择好场景后，我们就可以开拍了。一个短视频即使只做一个版本，也需要拍摄多个样片，要进行对比，选择最优的内容，根据需求进行后期剪辑优化。如同做菜，我们每次做出来的味道总会有所差异，需要多尝试几次，进行对比，选取最优的方法。

（1）拍摄工具的选择。如果我们想拍摄专业级别的短视频，那么可以找摄影公司拍。业余爱好者可以用专业的 DV 进行拍摄。如果没有上述的条件，我们也可以用手机自带的拍摄软件拍摄。

（2）分镜头拍摄。对于拍摄的样品，我们在后期都要对镜头进行筛选。整个短视频可以分节拍摄，如在拍摄商品细节或者商品外观的时候，我们可以把每个镜头多拍摄一些小段短视频，可以从不同的角度拍摄。如果一次性连续拍完，那么后期的剪辑会比较麻烦，而且没有镜头切换，买家观看短视频的体验也不好。

例如，懒人沙发的拍摄使用了专业的设备。我们从正靠、侧躺、半躺、平躺等多种角度进行拍摄，使用了大量的镜头拍摄沙发的弹性效果、沙发的多种调节方法。

4．短视频剪辑

短视频剪辑的目的是筛选样品，把优秀的样品部分合并后剪去多余的部分，控制在一定的时长内，最终呈现出来一个完整的短视频。

（1）剪辑软件的选择。我们可用的剪辑软件较多，如会声会影、Windows 系统自带的软件、爱剪辑等。我们推荐使用爱剪辑软件。

（2）剪辑的方法。在爱剪辑官方网站的首页，可学习基础的剪辑方法。在剪辑短视频的过程中，我们要注意尽量控制时长为 15~30 秒。我们在使用爱剪辑软件加工完短视频后，可以使用格式工厂软件去掉片头和片尾。

5．短视频加工

在短视频剪辑后，我们可以根据需求进行加工，添加文字说明、音频或者特效等。

（1）添加文字说明。例如，根据需求，我们可以添加文字说明，对商品进行解释或者对短视频进行分段，也可以加入店铺的 Logo、水印等。

（2）添加音频。我们可以对商品配音讲解或者加入音乐。

例如，在懒人沙发短视频的案例中，我们添加的音频是一首轻快的英文小调，营造出了轻松、惬意的氛围。

（3）添加特效。每个镜头在切换时，可以加入转场特效。在观众观看时这样不会显得太突兀，而且也美化了短视频。例如，如果在拍摄时光线不够强，那么在后期优化短视频的时候我们也可以对短视频进行调色。如图 3-15 所示，在图片箭头所指位置和附近，我们都添加了一些光影。

图 3-15　短视频的特效展示

对于以上短视频加工，我们均可以使用爱剪辑软件修改。

6. 短视频发布

短视频在制作好后，即可上传至主图短视频处，具体流程如下。

（1）进入"卖家中心"页面，找到"宝贝管理"选项，点击"出售中的宝贝"选项，再点击"编辑宝贝"链接，如图 3-16 和图 3-17 所示。

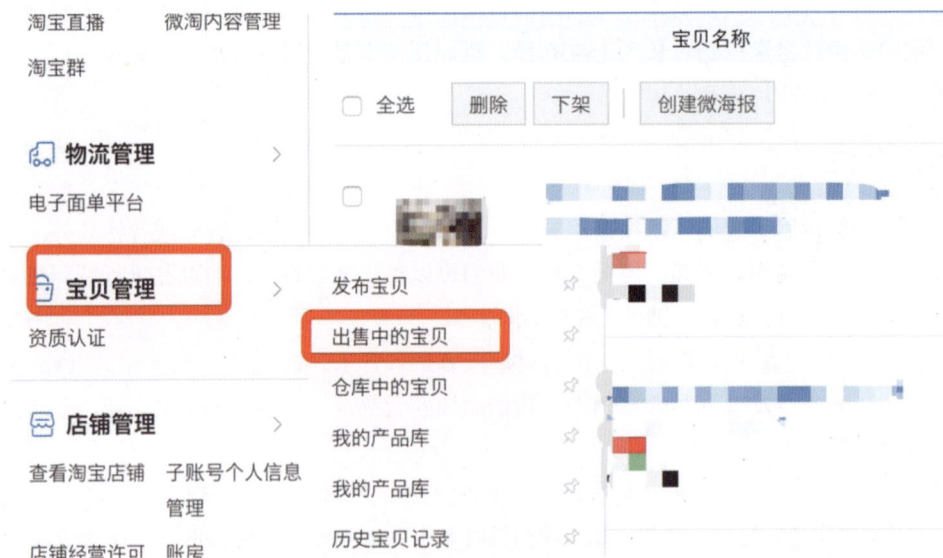

图 3-16　上传主图短视频的流程（1）

价格	库存⬆	总销量⬇	发布时间⬇	操作
				更多操作 ▼
				编辑宝贝
				编辑宝贝

图 3-17　上传主图短视频的流程（2）

（2）在进入商品详情页后，下拉找到"宝贝基础信息板块"，在电脑端宝贝主图下方，找到主图短视频的位置，点击加号上传主图短视频，如图 3-18 所示。

★电脑端宝贝图片　宝贝主图大小不能超过3MB；700×700 以上图片上传

看规范

★宝贝主图

商品图片中的一张设为淘宝直通车推广创意时，更新

主图视频

1、最新官方数据表明，有主图
2、原PC主图视频发布，已实
3、时长：60秒以内，建议9-3
4、尺寸：建议1：1,16：9,利于
5、内容：突出商品1~2个核心

上传主图视频　完整教程 官方淘拍免费

图 3-18　上传主图短视频的流程（3）

（3）进入短视频中心，在右上角点击"上传视频"按钮，如图 3-19 所示。选择上传目录，点击"上传"按钮，选择短视频文件，如图 3-20 所示。

图 3-19　上传主图短视频的流程（4）

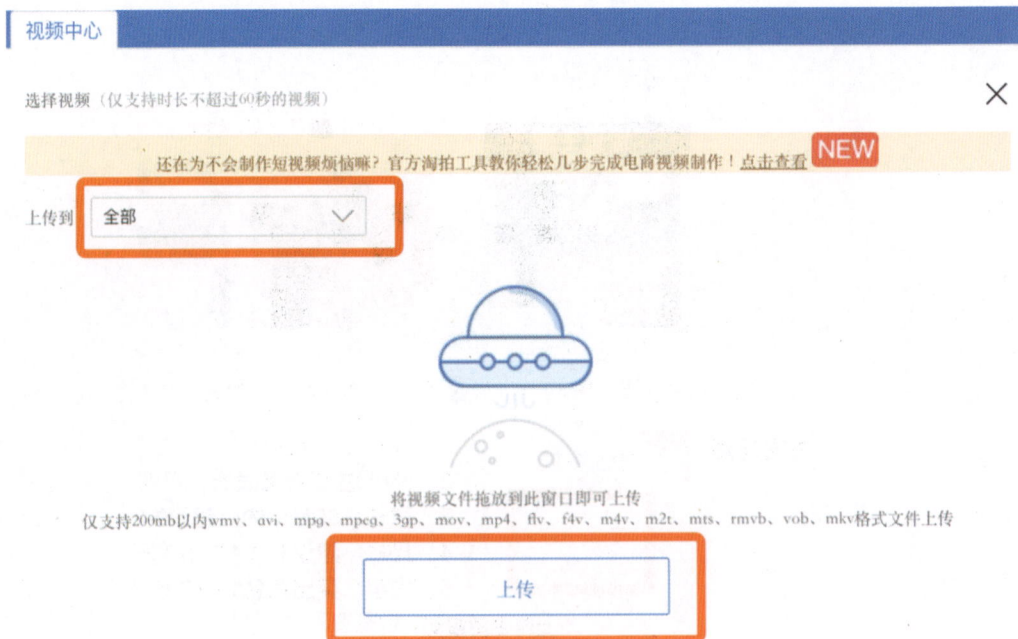

图 3-20　上传主图短视频的流程（5）

（4）短视频在上传后，会显示"审核中"状态（如图 3-21 所示），在审核成功后，勾选审核成功后的短视频，点击"确认"按钮（如图 3-22 所示），进入标签设置页面（如图 3-23 所示）。

图 3-21　上传主图短视频的流程（6）

图 3-22　上传主图短视频的流程（7）

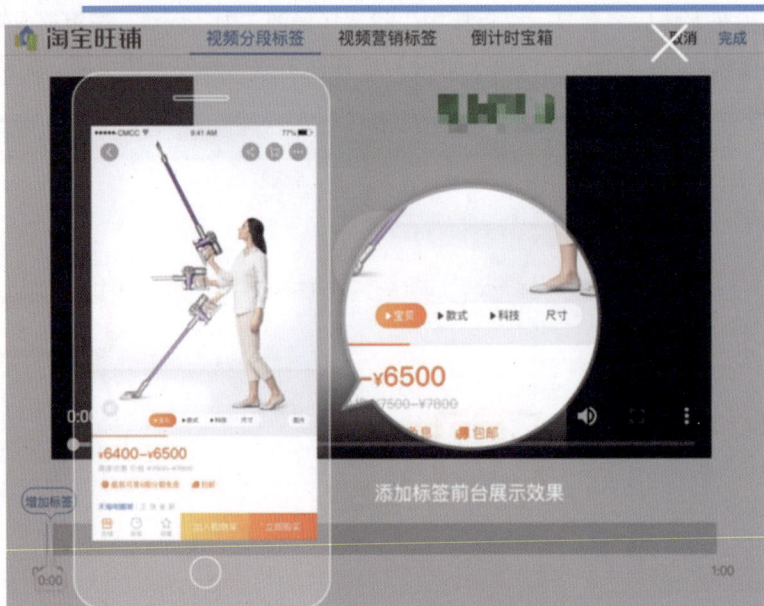

图 3-23　上传主图短视频的流程（8）

（5）选择"视频分段标签"选项，点击"增加标签"按钮，选择相应的标签，点击"确定"按钮，则成功增加标签（如图 3-24 所示）。根据短视频内容，添加对应的标签，可以拖动时间进度条选择对应的时间，总共可以添加 3 个标签，分段标签生成效果如图 3-25 所示。

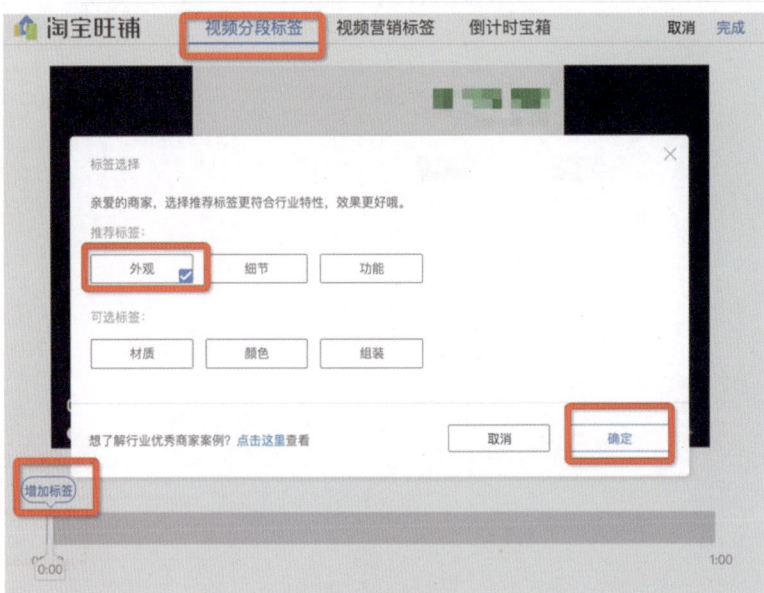

图 3-24　上传主图短视频的流程（9）

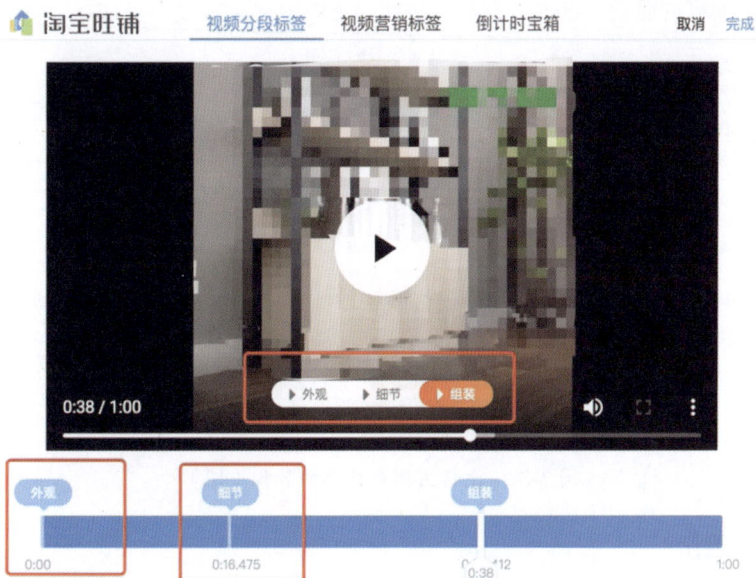

图 3-25　上传主图短视频的流程（10）

（6）完成分段标签添加后切换至"视频营销标签"选项，添加"营销气泡"，编写活动文案，选择时间段，设置后点击"完成"按钮（如图 3-26 所示）。

图 3-26　上传主图短视频的流程（11）

在回到宝贝编辑页面后，点击"发布"按钮，主图短视频就发布完成了（如图 3-27 所示）。

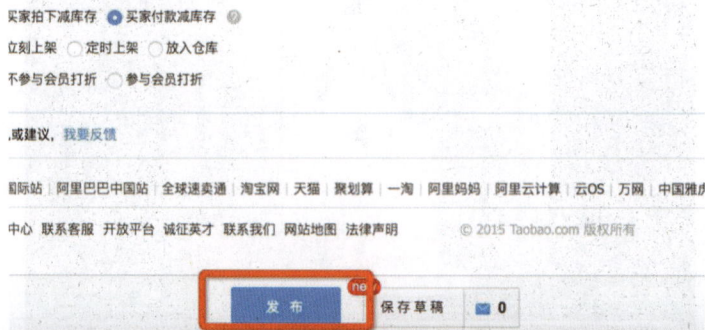

图 3-27　上传主图短视频的流程（12）

7．短视频效果展示

在淘宝旺铺中，选择"素材中心"选项中的"视频"选项，找到对应的文件，点击下方的"数据"按钮（如图 3-28 所示），进入页面后，可查看对应短视频的数据（如图 3-29 所示）。

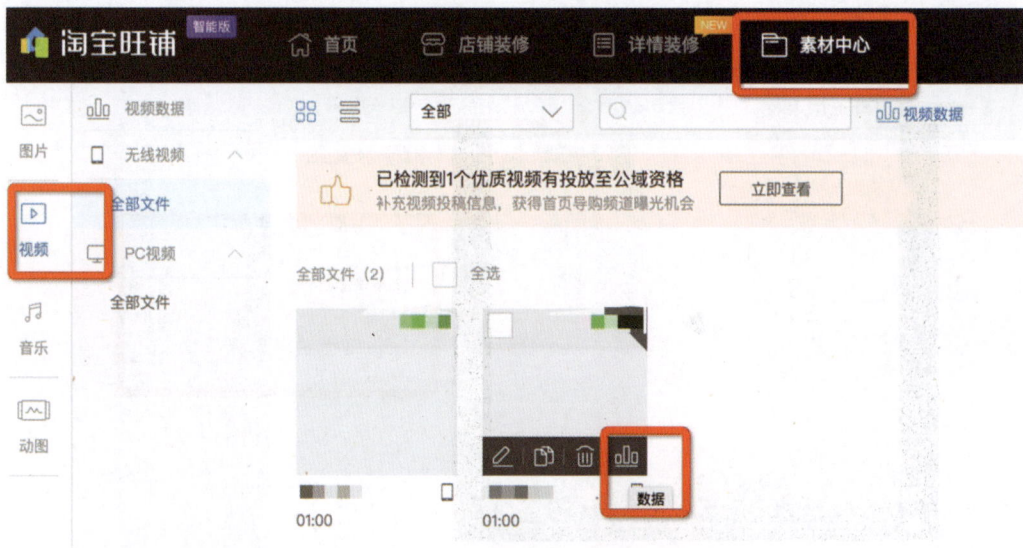

图 3-28　短视频的数据（1）

视频观看数据（每日6点更新，若有延迟请耐心等待）　　　　　　　　　　　　昨日　近7天　近30天

	曝光次数	播放次数	观看人数	人均观看次数	平均播放时长（s）	完整观看人数
观看数据	22243 ↑	13118 ↑	9532 ↑	1 =	32 ↓	2125 ↑
	较前30天上涨 5170.85%	较前30天上涨 4145.31%	较前30天上涨 4008.62%	较前30天持平0.00%	较前30天下降 −4.35%	较前30天上涨 4236.73%

图 3-29　短视频的数据（2）

3.3　打造优质详情页短视频

　　详情页短视频作为主图短视频的补充，可以对宝贝进行更进一步的介绍，和主图短视频形成一套完整的展示短视频，两者结合后几乎可以取代大多数的详情页描述，而且在阅读体验上优于图文类内容，因此详情页短视频更重要。

3.3.1　详情页短视频的介绍

1．详情页短视频的位置

　　（1）详情页短视频在电脑端的位置。

　　详情页短视频在电脑端位于页面打开后宝贝详情页的位置，居于顶部，如图 3-30 所示。

图 3-30　详情页短视频在电脑端的位置

（2）详情页短视频在无线端的位置。

在打开无线端宝贝详情页后，详情页短视频位于无线端详情页的顶部位置，如图 3-31 所示。

图 3-31　详情页短视频在无线端的位置

2．详情页短视频的价值

（1）对主图短视频内容的补充。主图短视频为了让用户有更好的体验，时长较短，只是根据需求对商品或者品牌进行介绍，但因为时长的关系，能够呈现的信息有限。详情页短视频能够对主图短视频缺少部分的信息进行补充，呈现更完整的信息。比如，对于一些涉及安装的商品，主图短视频可以对商品特点进行呈现，详情页短视频就可以对安装进行讲解，形成完整的体系，图 3-32 所示为详情页短视频描述的该商品的安装过程。

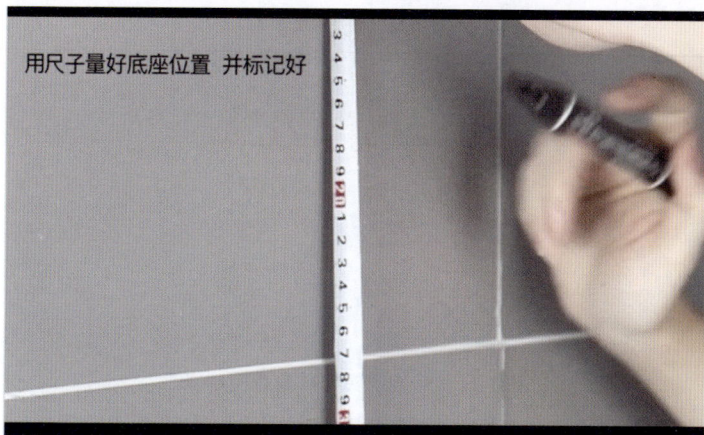

图 3-32　详情页短视频呈现商品安装过程

（2）提高买家的页面停留时长。买家在电脑端的页面平均停留时长一般为 90~120 秒，我们在添加详情页短视频后，平均停留时长增加到了 151.14 秒（如图 3-33 所示），在无线端的平均停留时长一般为 15 秒左右，我们在添加详情页短视频后，平均停留时长增加到了 20.00 秒（如图 3-34 所示）。

图 3-33　电脑端买家平均停留时长

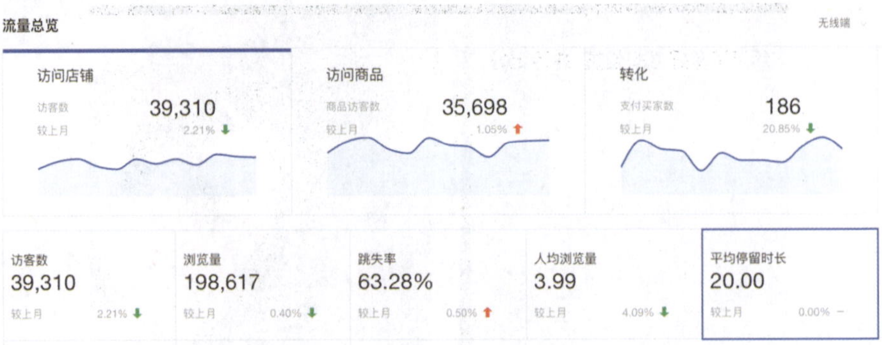

流量总览   无线端

访问店铺		访问商品		转化	
访客数	39,310	商品访客数	35,698	支付买家数	186
较上月	2.21% ↓	较上月	1.05% ↑	较上月	20.85% ↑

访客数	浏览量	跳失率	人均浏览量	平均停留时长
39,310	198,617	63.28%	3.99	20.00
较上月 2.21% ↓	较上月 0.40% ↓	较上月 0.50% ↑	较上月 4.09% ↓	较上月 0.00% —

图 3-34　无线端买家平均停留时长

（3）提高买家的购物体验。与短视频描述相比，文字描述需要买家进行一定的想象。想象需要建立在对该事物一定了解的基础上。而短视频的观看更加方便，信息也更易被接受，呈现的画面更加直观。例如，图 3-35 所示为花洒安装示意图，安装的位置和步骤在用静态图呈现后，买家还是不清楚整体的安装环节，需要摸索安装过程。如果用短视频对完整的安装过程进行展示，买家通过看短视频就可以清楚地看到每一个步骤的细节，便于学习安装过程。

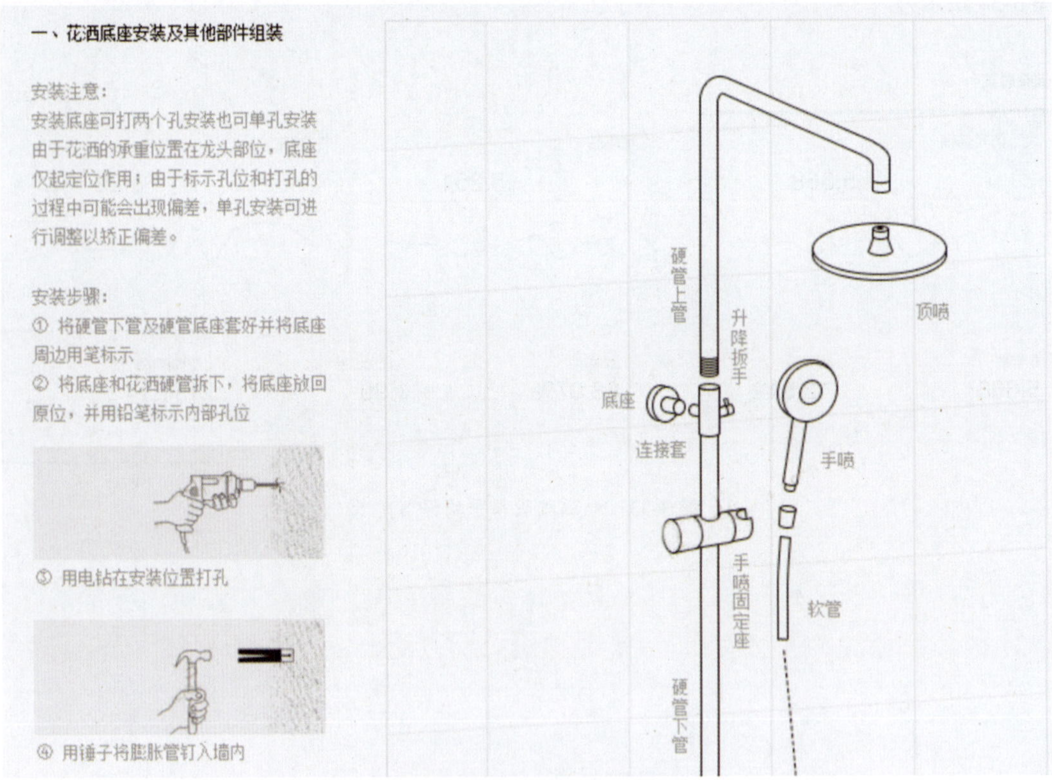

图 3-35　花洒安装示意图

3．详情页短视频的要求

（1）详情页短视频时长。系统要求电脑端的详情页短视频为 10 分钟以内，无线端的详情页短视频为 60 秒以内。在当下电脑端流量少的情况下，考虑到成本问题，电脑端的详情页短视频可以和无线端的详情页短视频通用。

（2）详情页短视频的尺寸比例：详情页短视频的尺寸比例可以设置为 1∶1、16∶9、3∶4。

（3）详情页短视频的图像要求：分辨率建议大于等于 720px，以保证短视频的清晰度；视频码率至少为 1500kbps；支持格式为 wmv、avi、mpg、mpeg、3gp、mov、mp4、flv、f4v、m2t、mts、rmvb、vob、mkv；短视频文件的大小为 300MB 以内。

3.3.2 卫浴案例教你拍好详情页短视频

1．脚本设计

下面以卫浴为例，讲解如何进行脚本设计。

（1）确定拍摄目的。以卫浴为例，卫浴系列如浴室柜、马桶、花洒等商品，多以家用为主，多数商品涉及安装环节。对于买家来说，请人安装更加方便，但是会产生一定的安装费用，如果能够自己完成安装，就节省了这笔费用。对于有一定动手能力的或者想要节省安装费用的人，安装短视频能够更好地帮助他们。商品的主图短视频已经对商品做了初步介绍，所以对于此类商品，详情页短视频只需要呈现完整的安装过程即可。

今天所讲的案例的商品为水龙头和花洒套装（如图 3-36 所示），详情页短视频主要为了呈现水龙头和花洒的安装过程，让买家在收到商品后，能够更方便地完成商品的安装。

图 3-36　水龙头和花洒套装

（2）分析场景。本次拍摄的商品水龙头和花洒在室内的卫生间拍摄。如果你有拍摄条件，那么可以选择在摄影棚中拍摄，如果没有拍摄条件就在正常的卫生间拍摄。

（3）确定拍摄内容。本次拍摄主要为了展示商品的安装过程，以方便购买的买家，所以拍摄内容完整地呈现安装过程即可。

2．场景构架

（1）选择现有的场景。卫浴系列的水龙头和花洒类商品可以在原有商品的基础上拆卸再安装，可以循环使用，所以我们可以选择在卫生间拍摄，但是需要注意光线要充足，环境要干净、整洁，避免光线太暗和环境脏、乱、差给买家带来不好的观看体验，从而影响转化率。

（2）搭建新场景。在摄影棚内，我们可以补光，利用浴室柜、洗脸盆、淋浴房等搭建需要的场景，完成拍摄。产品线丰富的卖家可以自己搭建小的场景，以便后续拍摄。

本次拍摄选择搭建了小的场景，选择了未安装过的洗脸盆作为载体，目的是围绕未安装的洗脸盆四周进行拍摄，能够更方便地从多个角度拍摄，如图 3-37 所示，在拍摄的时候可以从洗脸盆的背面拍摄，呈现拧紧螺丝的过程。如果洗脸盆已经安装好，那么此位置是被墙体隔离的，无法更好地呈现此环节的安装步骤。

将底部拧紧

图 3-37　场景展示

3．样片拍摄

（1）拍摄工具选择。具体参见 3.2.2 节。

（2）分镜头拍摄。对于拍摄的样片，后期都要对各个镜头进行筛选。整个短视频可以分节拍摄，每个小步骤分一段短视频，中间未涉及安装的工作不需要拍摄。

本次拍摄的安装过程，使用了普通的设备进行拍摄，在光线充足的情况下，对每一个安装环节都进行了详细的拍摄，确保所有步骤都完整，客户在看过短视频后根据短视频的流程可以不出错地完成所有的安装环节。例如，螺丝和垫片的安装顺序、量尺寸并做标记等过程都被体现出来了。

4．短视频剪辑

详情页短视频的时长要控制在 60 秒以内，而安装过程较长，所以我们需要对一些无效的镜头进行裁剪，可以把不影响表现安装的镜头都删除。我们也需要用软件把安装步骤进行快镜头加工，如果按照正常的安装速度，那么 1 分钟是不能演示完所有步骤的。

剪辑软件的选择和剪辑的方法参见 3.2.2 节。

5．短视频加工

在剪辑短视频后，我们可以根据需求进行美工加工，如添加文字说明、音频或者特效等。

（1）添加文字说明。本次的安装拍摄一定要有文字备注和解析，对每一个环节要进行文字说明，如用直径 6 毫米的钻头打孔，并敲入膨胀管，要清楚地告诉买家这个步骤做了什么工作，并且具体到直径 6 毫米的钻头打孔，以防止尺寸不匹配，导致后续安装有问题。

（2）添加音频。对商品进行配音讲解，或者加入音乐。

本案例因加工的步骤多，需要控制时长，全都用了快镜头，所以不适合配音，但为了短视频的整体效果，添加了音乐。

对于以上短视频加工，我们均可以使用爱剪辑软件。

6．短视频发布

短视频在制作好后，即可上传至详情页，具体流程如下。

（1）进入"卖家中心"→"宝贝管理"→"详情装修"（如图 3-38 所示），选择要上传的宝贝，点击"装修详情"按钮后（如图 3-39 所示），进入淘宝旺铺界面。

图 3-38　上传详情页短视频的流程（1）

图 3-39　上传详情页短视频的流程（2）

（2）默认进入的页面为无线端详情页，先点击详情页锁定位置，选择左侧的"基础模块"选项，再选择"视频"选项，然后选择"安装教程"选项，在详情页位置会出现"添加视频"的模块（如图 3-40 所示）。

（3）点击右侧的"添加视频"按钮（如图 3-40 所示），会弹出选择短视频的窗口（如图 3-41 所示），点击左下角"进入视频管理"按钮（如图 3-42 所示），会进入淘宝旺铺的素材中心，如图 3-43 所示。

图 3-40　上传详情页短视频的流程（3）

图 3-41　上传详情页短视频的流程（4）

选择视频

图 3-42

图 3-43　上传详情页短视频的流程（5）

（4）点击右侧的"上传"按钮，弹出上传界面，选择上传到"无线视频库"，系统会提示视频文件的要求（如图 3-44 所示），点击"上传"按钮，选择文件，设置标题与封面，点击"确认"按钮，如图 3-45 所示。

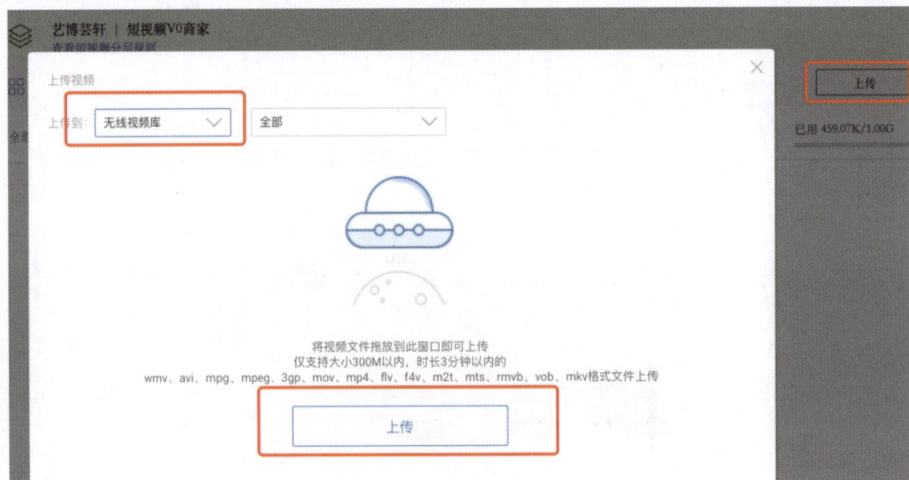

图 3-44　上传详情页短视频的流程（6）

上传完成后的商品会显示审核中，审核成功后就可以正式投放。

图 3-45　上传详情页短视频的流程（7）

（5）电脑端详情页短视频的上传与无线端详情页短视频的上传不同。商家需要订购淘宝服务市场中官方的工具"淘宝视频服务（PC 端）"，才可以设置详情页短视频，如图 3-46 所示。

图 3-46　上传详情页短视频的流程（8）

在订购成功后，进入宝贝详情页编辑页面，点击宝贝详情页中"宝贝视频"处的"选择视频"按钮，添加上传的短视频即可，如图 3-47 所示。

宝贝视频　宝贝视频将在宝贝详情页展示，可以更真实、直观表达商品卖点。消费

选择视频

* 电脑端描述　⦿ 使用文本编辑　　　○ 使用旺铺详情编辑器 ❓

图 3-47　上传详情页短视频的流程（9）

3.4　内容短视频"种草"

短视频的成交转化率、观看人数、观看成交人数、宝贝的短视频拍摄规范等数据表现好的商品，被系统抓取之后就会进入精品流量池，有机会在系统的内容渠道被抓取，获得投放的机会。

3.4.1　微淘短视频

1．微淘短视频的作用

通过微淘短视频，卖家可以让自己的商品更有吸引力，提升粉丝对商品的认知度，让买家在观看商品时感觉更有趣，提升店铺微淘粉丝的黏性。图 3-48 为微淘短视频。

图 3-48　微淘短视频

2．微淘短视频的内容类型

公域流量的竞争日益激烈，客户购物需求随之变化，内容流量将是未来发展的大势所趋，将是卖家的必争之地。对于三微（微信、微博、微淘）运营，目前微淘在私域流量中的传播效果是最差的。如果我们想提升店铺的粉丝黏性，让更多关注店铺的买家在碎片化阅读中对商品的详情产生浓厚的兴趣，那么微淘短视频内容是至关重要的。

每个商品都有自身的商品优势、核心卖点。微淘短视频以一个教程的形式展现商品卖点，可以让粉丝群体更好地感受到商品功能的强大。

每家店铺都有自己独特的风格，可以用故事的形式把店铺的风格展现得淋漓尽致，以拍摄短视频的方式与粉丝建立认知，可以更有效地增加粉丝的黏性。

每个商品的背后都有卖家赋予的独特的设计艺术，每个商品都可以有一个有趣、动听的故事，短视频以故事的形式展现商品卖点，让商品与人产生情感共鸣。

卖家可以通过店铺宝贝的买家秀把商品的核心优势展现出来，让买家帮助卖家卖货，买家秀比卖家自己的故事更有穿透力。

　　商品在使用过程中会出现各种各样的问题，卖家可以在微淘短视频中展现商品各个方面的性能。

3．微淘短视频的发布步骤

　　卖家通过"卖家中心"或阿里创作平台登录之后，会看到如图 3-49 所示的页面，点击左侧导航栏的"发微淘"选项。

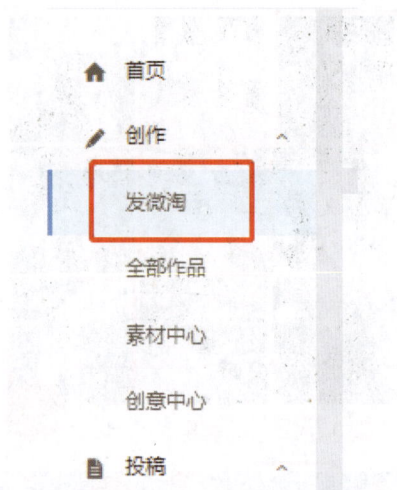

图 3-49　微淘短视频的发布步骤（1）

　　在众多分类中找到"短视频"选项，点击"立即创作"按钮，如图 3-50 所示。

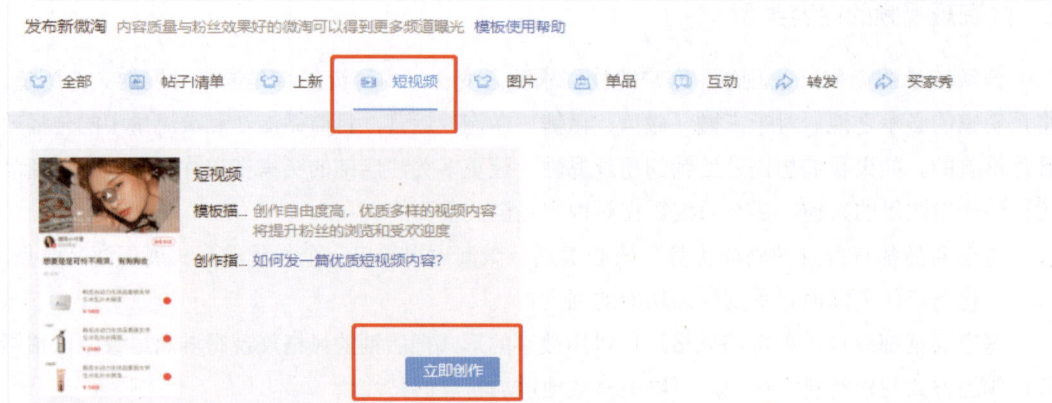

图 3-50　微淘短视频的发布步骤（2）

　　在"内容创作"页面输入话题、标题，以及短视频的摘要，摘要内容可以是测评、清单、推荐理由等多种形式，如图 3-51 所示。

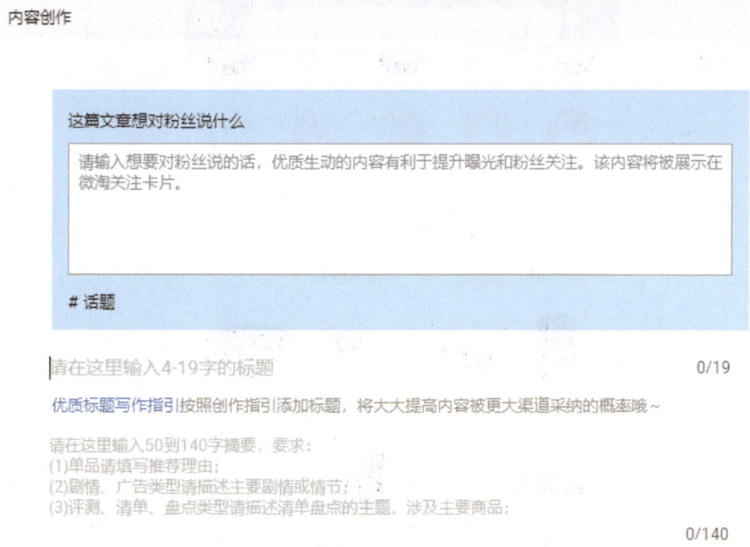

内容创作

这篇文章想对粉丝说什么

请输入想要对粉丝说的话，优质生动的内容有利于提升曝光和粉丝关注。该内容将被展示在微淘关注卡片。

话题

请在这里输入4-19字的标题   0/19

优质标题写作指引按照创作指引添加标题，将大大提高内容被更大渠道采纳的概率哦~

请在这里输入50到140字摘要，要求：
(1)单品请填写推荐理由；
(2)剧情、广告类型请描述主要剧情或情节；
(3)评测、清单、盘点类型请描述清单盘点的主题，涉及主要商品；
                                                        0/140

图 3-51　微淘短视频的发布步骤（3）

上传制作好的商品短视频，要注意短视频的大小及要求，还要设置短视频的封面。同时，可以针对短视频添加互动话题，增加粉丝的乐趣，如图 3-52 所示。

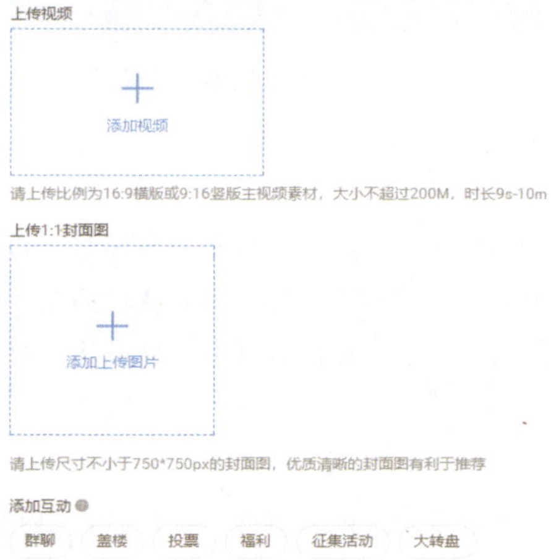

上传视频

＋
添加视频

请上传比例为16:9横版或9:16竖版主视频素材，大小不超过200M，时长9s-10m

上传1:1封面图

＋
添加上传图片

请上传尺寸不小于750*750px的封面图，优质清晰的封面图有利于推荐

添加互动 ◉

群聊　盖楼　投票　福利　征集活动　大转盘

图 3-52　微淘短视频的发布步骤（4）

3.4.2　哇哦视频

2018 年 9 月 30 日，淘宝宣布淘宝论坛的爱逛街正式更名为哇哦视频，并表示哇哦视频作为手淘内精品电商短视频内容的最核心阵地，将更好地实现"种草"和转化。哇哦视频的位置如图 3-53 所示。

图 3-53　哇哦视频的位置

1．哇哦视频的作用

哇哦视频分为竖版短视频和横版短视频。我们首先要清楚定位，只有符合系统要求，被系统喜欢的短视频，才有更大机会被系统抓取。短视频拍摄的质量决定了商品在短视频投放中产生的效果，优质的短视频会流入有好货、微淘等其他公域板块，提升店铺的粉丝人气。

2．哇哦视频的入驻要求

散户达人和卖家身份达人入驻要求：账号等级 ≥ L4、30 天内发布的短视频数 ≥ 4 条。
签约机构达人入驻要求：账号等级 ≥ L1、30 天内发布的短视频数 ≥ 4 条。

3．公域板块投放

卖家自己拍的视频的粉丝人气低、不容易被系统抓取投放到公域板块。某些卖家与达人合作之后效果也不明显，但个人发布内容进入公域的周期要比跟达人合作的周期更长。想要快速进入公域板块，需要与有一定实力的达人合作，也可以选择与内容机构合作（如图 3-54 所示）。很多卖家与达人合作的效果不好，其中一个原因其实是没有选对人。

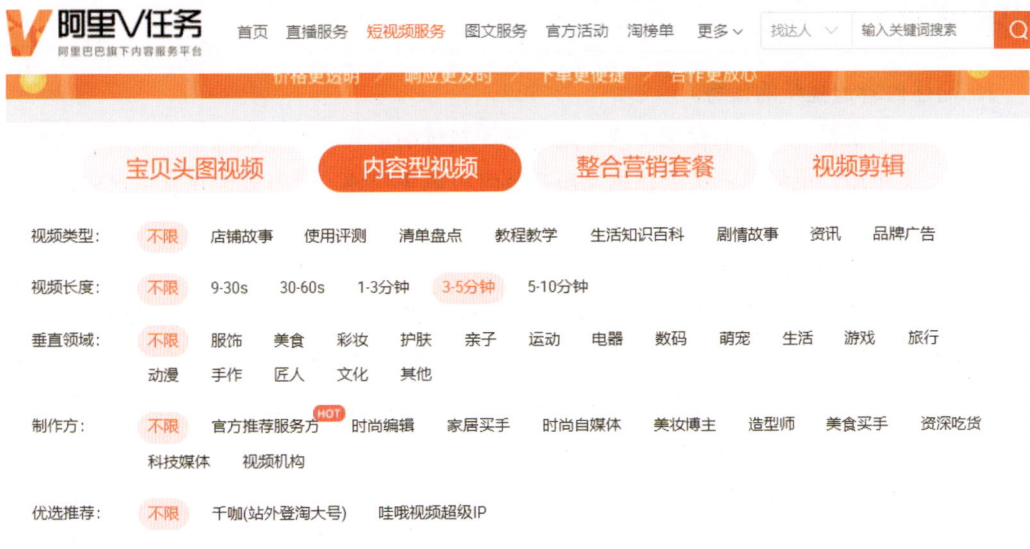

图 3-54 寻找达人与机构合作

为了让短视频投放的效果更好、见效更快，商家可以在阿里 V 任务网站上寻找适合类目的达人帮助投放。

4．数据效果展示

在店铺"卖家中心"中点击"生意参谋"→"业务专区"→"淘宝短视频"，可以看到公域、私域不同场景的引流效果，如图 3-55 所示。

图 3-55 公域、私域引渡引流效果图

问题思考

1．简述内容短视频的优势。

答：短视频是目前火热的营销方式，通过短、精练的形式，充分展现了产品的卖点细节、使用场景，更生动、更形象，买家在浏览短视频时可以更快速、更有效地找到自己的需求点，场景展示更有代入感。

2．简述主图短视频的价值。

答：①短视频与传统的图文形式相比，从视觉效果和阅读体验上，都有更大的优势，更容易给买家留下印象，而且更直观，更利于产品介绍。②短视频的时长一般为 10~60 秒，可以给产品带来更长的停留时间。③短视频能更好地对产品进行阐述，让买家更容易了解产品，更好地理解产品卖点，从而对产品的转化率有帮助。

3．简述详情页短视频的要求

答：①详情页短视频时长。系统要求电脑端短视频的时长为 10 分钟以内，无线端宝贝详情页短视频的时长为 60 秒以内，因此在制作过程中我们要把短视频的时长控制在 60 秒以内，以保证在无线端能够正常发布。在当下 PC 端流量少的情况下，考虑到成本问题，PC 端详情页短视频可以和无线端详情页短视频通用。②详情页短视频的尺寸比例。详情页短视频的尺寸比例可以设置为 1 ∶ 1、16 ∶ 9、3 ∶ 4。③详情页短视频的图像要求。分辨率建议大于等于 720px，以保证视频清晰；码率至少为 1.5kbps，支持格式为 wmv、avi、mpg、mpeg、3gp、mov、mp4、flv、f4v、m2t、mts、rmvb、vob、mkv；短视频文件的大小为 300MB 以内。

第4章

图文营销

本章要点：

- 图文内容概述
- 淘宝头条
- 有好货
- 必买清单
- 每日好店
- 垂直导购
- 微淘——达人号
- 小红书

4.1 图文内容概述

图文因其传播和创作的便利性，是目前大部分内容平台的主流内容。作为最热门的内容表现形式，图文与纯文字相比，有图、有文并且视觉表现形式更丰富；图文与纯视频相比，又有产出门槛较低，更有层次和深度的优点。

4.1.1 淘内图文内容创作者——淘宝达人

我们常常时尚地称在专业领域中有影响和见地的人为 KOL（Key Opinion Leader，关键意见领袖）。淘宝达人往往是指在淘宝中有着专业认识并乐于分享且因此而聚集起数量可观的相应群体粉丝的人。图 4-1 为淘宝平台上哇哦视频渠道的某些淘宝达人，图 4-2 为淘宝达人首页。

图 4-1 哇哦视频渠道的某些淘宝达人

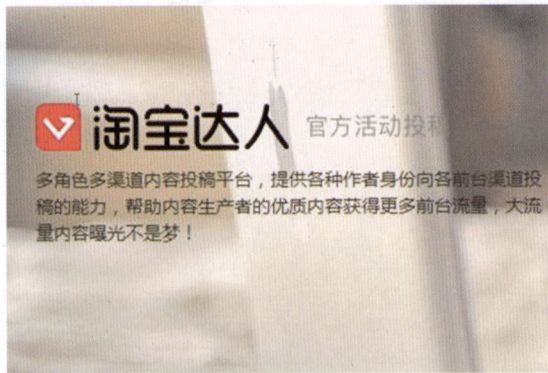

图 4-2 淘宝达人首页

淘宝上的所有内容通过两类主体产生，一类是商家，另一类是淘宝达人。所有手淘首页的内容基本上只能由淘宝达人提交并上传，商家以参加活动或在私域发布内容然后等待被系统抓取的方式进入公共内容频道，所以淘宝达人的作用非常重要。在手淘首页的入口看到的内容除了淘宝网小二推荐的，其他基本上都是淘宝达人发布的。

4.1.2 图文内容趋势

淘宝平台上的达人是平台图文内容的主要输出者。截至 2017 年，淘宝平台注册达人数已经达到了 150 万个，较 2016 年增长了 36.4%，得到淘宝平台认证的达人数已达 3.5 万个，较 2016 年增长了 169%。淘宝平台上年收入百万元的达人已经超过百人，比如"薇娅"以 2500 万元的年收入位居达人收入榜的榜首，"Heika-Z"和"强力种草机"紧随其后。

淘宝作为中国最大的网络销售平台之一常有更新和升级。我们只有掌握了"个性化""场景化""数据分析"才能在内容创作中以不变应万变。接下来，我们将介绍手机淘宝上最常见的几个内容营销板块。

4.2 淘宝头条

淘宝头条的展示位在手淘首页首屏位置，图 4-3 即为淘宝头条的展示位置和界面。

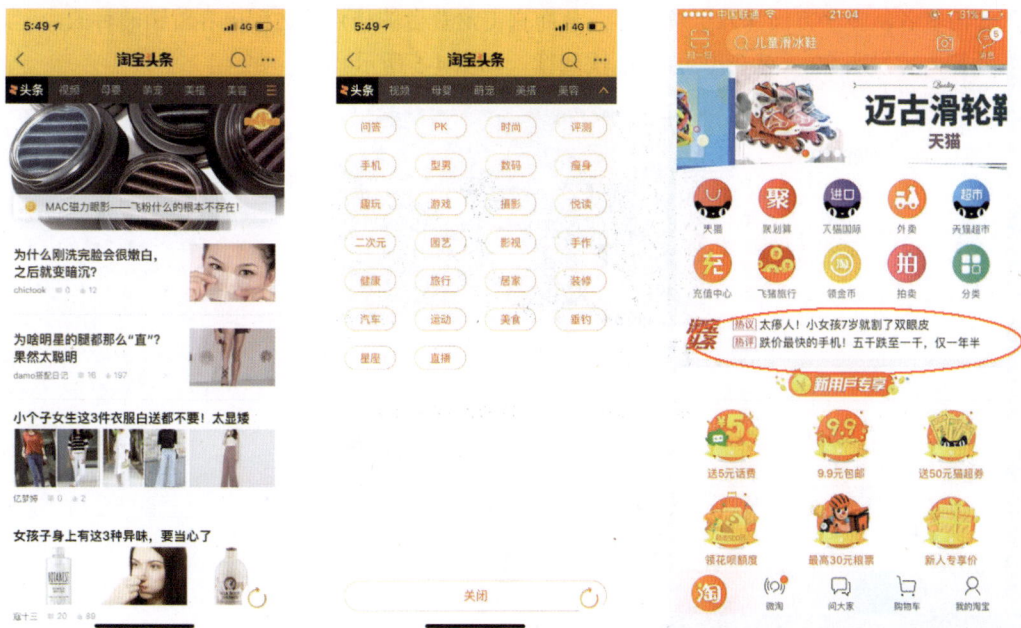

图 4-3 淘宝头条的展示位置和界面

淘宝头条是一个热门、新鲜、有消费引导性的生活资讯和权威可信的经验分享平台。

淘宝头条的内容要求为有消费引导性的生活资讯、经验指导性文章。

　　笔者曾接到某化妆品牌的一款粉底液的"双十一"内容营销推广需求。该化妆品牌的知名度较高，商品销量也较大，该品牌粉底液的介绍特点是高遮瑕、控油光、隐形毛孔、妆效持久。图 4-4 为商品图。

图 4-4　商品图

　　根据消费者的需求点和痛点，笔者选择为商品做评测。淘宝头条渠道比较重要的一个内容方向是商品评测，因此笔者选择淘宝头条渠道为该商品做深度的评测，作为内容营销的渠道之一。笔者在入手样品后分别从外观、质地、妆效、遮瑕度和持妆度五个方面为商品做了深度评测，让消费者从多个方面深入了解商品，从而直击消费者的痛点，达到内容营销的目的。

　　此篇内容发布 20 天就获得了 5932 次阅读，如图 4-5 所示。

图 4-5　该商品的内容和阅读次数

4.3 有好货

4.3.1 渠道简介

有好货是手机淘宝中重要的精品导购平台，要为用户挖掘小众、设计感十足的高调性商品。基础要求：图文要围绕单品进行创作，对此类商品进行专业、睿智且有品质的文案描述，深度评测，挖掘和介绍商品卖点。

有好货的展现位置在手淘首页的黄金位置，如图4-6所示。

有好货遵循千人千面、个性化算法模型的展现规律，以高消费能力的人群、追求格调和品质的人群为目标用户，力求内容的产出让用户有更好的体验。

4.3.2 内容形式、流量情况、投放商品要求和投放建议

奢侈和轻奢品牌、知名高端品牌、小众品牌、设计师品牌、潮牌比较容易进入有好货。这些品牌中的新品、经典款、代表款，或者限量、联名、定制的商品，会有更大的概率入选。

商品有趣、当下有热点、有创意和材质特殊，也是加分项。另外，稀缺性、收藏价值、限量款或者明星款、联名款都能作为"好货"的推荐理由。

图 4-6 有好货的展现位置

有好货的内容形式主要有好货单品、好货视频以及好货攻略三种。好货单品展示时间为半年，采用个性化算法在首页展现，一般7天内审核。好货视频主要展示功效型视频，反复展示。好货攻略展示半年，采用 Feeds 流 + 个性化算法模型展现。

有好货在手淘首页的核心位置，流量较大，建议每月固定投放。新品上新后建议尽早投放好货单品下的新单品渠道。

有好货内容和商品重组优选原则：平台会参考各项数据指标为即将入库的商品和内容重新匹配关联关系。有好货的核心宗旨：优质商品 + 优质内容。也就是说，如果某条有好货内容的文案较好，但其所对应的商品数据比较一般，那么算法在库内进行筛选时，会对其他店铺中的

同款商品进行排序，平台会自行匹配到数据更好的商品，从而对该条文案内容引导的原商品链接进行变更，如图 4-7 所示。

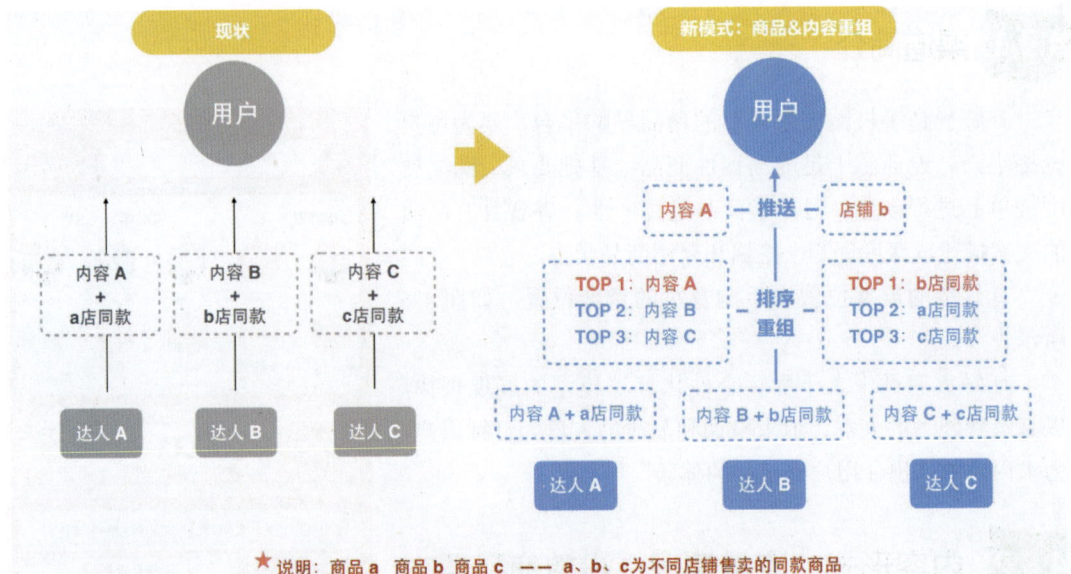

图 4-7　有好货内容和商品重组优选原则

有好货运营建议：与发布内容质量较好的达人进行合作，可多投一些，同时，要注重商品运营，这些均可提高商品在有好货的曝光。

4.3.3　案例解析

笔者曾为一款女装新品投稿有好货的新单品渠道。根据商品特点，笔者选择"搭配指南"、"材质解析"和"品牌故事"作为正文内容方向进行创作，由于是店铺上新的单品，投稿了新单品渠道，效果很好，最高一天有上万次的阅读量。有好货内容的展现时间可以长达 90~180 天，其内容带来的价值可想而知。图 4-8 和图 4-9 所示分别为内容截图和数据截图。

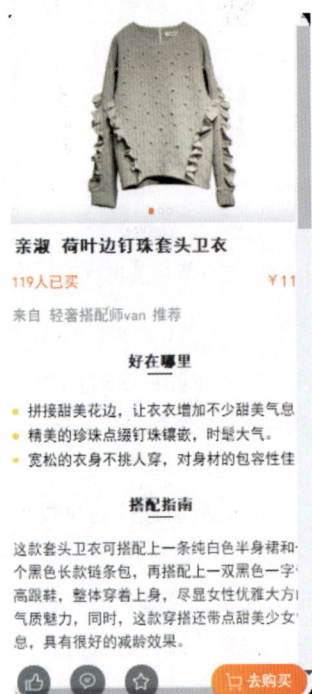

图 4-8　内容截图

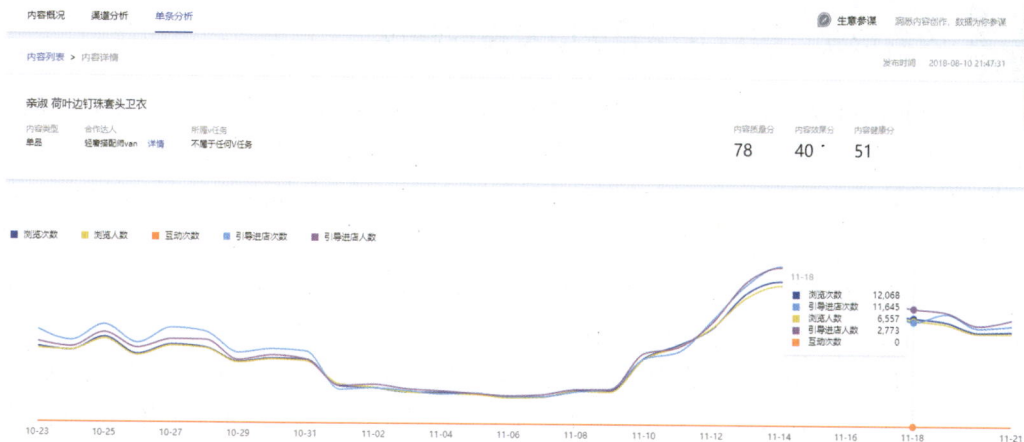

图 4-9　数据截图

4.4　必买清单

4.4.1　渠道简介

新版必买清单的位置在"我的频道"里，如图 4-10 所示。

必买清单是手淘最重要的内容导购阵地之一。必买清单的渠道定位：知识型导购商品。必买清单的目标用户是知识型用户，必买清单针对用户在具体购物场景下产生的具体问题，提供专业和有深度的原理性、方法论内容，帮助用户解决问题。

互联网整体流量增长趋缓，流量争夺战加剧。因此在未来的竞争中，无论是 PC 端还是移动端，互联网都将由用户数量增长价值驱动向用户价值增长驱动转变。

在用户端，知识型的用户数量开始快速增长：用户的消费升级速度开始加快，知识型用户的快速增长意味着用户对获取信息的质量和效率提出更高的要求。信息爆炸会给用户带来不适和厌烦感，我们在必要时需要进行信息降噪。

在品牌端，品牌要认识到从"广而告之"到"广而认知"转变的重要性：在传播层面，品牌不仅要曝光，更要采取科学的传播手段。在认知层面，品牌需要做的不只是说服用户和推销商品，更要改变用户的认知并且传递品牌价值。

图 4-10　新版必买清单的位置

4.4.2 内容形式、投放商品要求以及投放建议

必买清单的内容有两个方面，一个是解决方案，另一个是购物攻略。解决方案要解决生活问题——怎么办：内容是与消费生活相关的问题，偏广义消费，针对与生活需求、生活场景相关的问题，提供原理性、方法论的解决方案。购物攻略要解决商品选购——怎么挑：内容是与商品选购相关的问题，偏狭义消费。

必买清单的内容形式主要有三种，包括日常投稿、怎么办和怎么挑。三种内容形式的展现都展示半年，用 Feeds 流 + 个性化算法模型展现。

必买清单对选品有较为严格的要求。必买清单的商品需要满足的基础条件为营销新七条、DSR 动态评分至少两项飘红。另外，由于必买清单的目标用户为中端消费群体，因此，想要上必买清单的商品要满足一定的品质要求。

商品要为中档价位，包括但不限于有趣、有调性、好品质、好口碑、有创意、快时尚、原创设计、历史悠久、功能创新的商品。

不符合必买清单要求的商品如下：

（1）外观、名称与大品牌雷同的高仿商品，即所谓的明星同款、大牌仿款、山寨货等。

（2）价格过低（如单价小于等于 30 元的连衣裙、小于等于 30 元的面霜、小于等于 100 元的手表、小于等于 10 元的饰品、小于等于 50 元的双肩背包等）、外观粗糙、造型过时、品质感差的商品等。

（3）容易引起用户反感的奇葩商品或人像有漏点、很暴露的商品。

4.4.3 案例解析

笔者曾为卫衣的内容营销商品投放了必买清单渠道，选择的内容主题为"卫衣控"方向的解读，并取得了非常好的阅读和引流效果。

截至 2018 年 1 月，这篇必买清单共获得了 1 518 613 次阅读和 382 203 次进店。必买清单的内容浮现时间可以长达 90~180 天。对淘宝和天猫店铺运营有一定了解的运营都清楚这样的引流效果可以节省很多成本。内容截图和数据截图如图 4-11 和图 4-12 所示。

图 4-11　内容截图

历史累计数据

累计阅读次数	累计互动次数	累计转发次数	累计评论次数	累计点赞次数	累计进店次数
1,518,613	697	146	0	551	382,203

数据更新时间：2018年01月08日

图 4-12　数据截图

4.5 每日好店

4.5.1 渠道简介

每日好店内容的意义：

发现性：带用户探索更多不为人知的精品店铺。

吸引力：让用户感受到阅读的趣味。

图 4-13 所示为每日好店的入口。

图 4-13　每日好店的入口

4.5.2 投放建议

建议投放每日好店的店铺类型如下：

（1）小众好牌：就是鲜为人知的品牌，但店铺的日常收藏率 >7%。

（2）原创设计店：店铺的风格鲜明，并且 50% 以上的商品属于自有原创设计。

（3）魅力店主：店主为知名的公众人物，或者 TOP 红人（慎重选择）。

（4）手艺匠人：店铺商品有 50 件以上为非批量化、流水线生产的手工制作品，有一定艺术价值。

（5）创变行业：店铺在行业中开辟了一个创新模式或特殊风格等，成为行业中的一股清流，未来可能引领行业做出改变。

（6）领域专业：店铺的店主可以是相关领域 / 贴吧的领袖型知名人物，有一定的号召力和知名度，店铺的日常收藏率 >7%。

（7）奇葩鬼马：店主的脑洞奇大，商品有趣、少见，店铺的风格出人意料。

（8）超级服务：精选行业服务质量前 0.1% 的店，除了各项数据指标，还有关于服务的代表性店铺故事。

4.5.3 案例解析

笔者曾为一家服饰淘宝店做内容营销，店主是一位明星，此店较符合每日好店的店铺要求，于是笔者为该店铺创作每日好店内容并投稿。

笔者以"一家有关于后青春梦想的潮店"为主题，选择了店主故事和品牌故事为正文内容方向创作了每日好店内容，投稿在每日好店渠道后，截至 2018 年 7 月初累计获得 195 761 次阅读和 34 159 次进店，效果斐然，如图 4-14 和图 4-15 所示。

图 4-14 内容截图

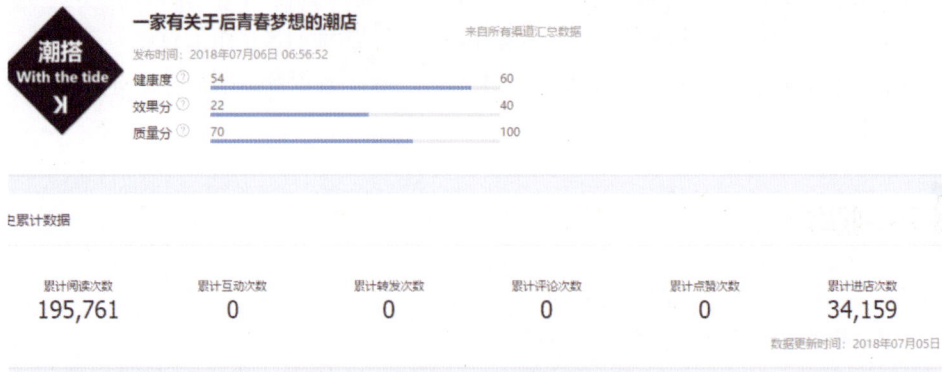

图 4-15   数据截图

4.6   垂直导购

手淘首页将消费场景分为 8 个垂直场景频道，分别为 iFashion、美妆学院、家有萌娃、汇吃、极有家、酷玩星球、全球时尚、百变个性共包含 158 个细分的人群。

4.6.1   iFashion

iFashion 频道定位于以潮流风格 / 美感搭配（网红、设计师、风格）为主的内容导购，为淘宝男女装服饰导购频道，为年轻男性和女性提供时尚、有特色的服饰搭配建议。

iFashion 分为盘点、街拍、搭配（搭配专辑）三个板块。

盘点需要契合内容主题、突出精选感，让用户感知到商品是用心整理出来的，不能只是商品堆砌。

街拍要求根据特定穿搭主题（地方、元素、风格……），推荐一系列的真实街拍示范。

搭配（搭配专辑）和街拍一样，从特定主题出发，但达人要基于自身的经验知识及审美，给出有着明显的风格服饰搭配组合。

案例：

笔者曾为一家女装店铺做过内容营销推广，服装款式为"红人"张大奕同款服饰。笔者选择 iFashion 渠道作为内容推广营销渠道之一，并选择街拍的内容形式，以"日系少女的魔法衣橱，鬼马精灵张大奕"为主题进行内容创作并投稿。

投稿月均获得了 216 013 次浏览和 126 005 次进店，效果奇佳。效果呈现如图 4-16 和图 4-17 所示。

图 4-16　内容截图

文章/发布时间/作者	合作方式	浏览次数	互动次数	引导进店次数
日系少女的魔法衣橱，鬼… 2018-09-19 08:46:20　SuperELLE	非V任务	216,013	200	126,005

图 4-17　数据截图

4.6.2　美妆学院

美妆学院定位于以真实分享、知识教程、榜单盘点为主的内容型导购，为手淘首个美妆垂直应用频道，内容均有机会展示在手淘首页和二级页。展现人群包括干皮星人等 18 个细分消费人群。子频道有评测（变美商品评测）、教程（变美方法教学）、心得（真实变美心得）3 个。

评测（变美商品评测）频道根据个人使用经验，以真实用户语调进行商品多维度评测，且评测方法需要相对专业和科学。长文章的内容方向可以是单个商品，也可以是多个商品评测，但要运用相对专业和科学的方法，进行不同维度效果的分析和比较。所选商品应该是需要的商品，可以选择美妆护肤、彩妆、护发、染发或美容仪器等与变美相关的类目里大众还未有深刻认知的，且商品档次不能太低的商品，做详解使用方法或者使用心得介绍。评测的短视频常用"红人"出镜对美妆商品深入评测讲解或同品类横向对比评测。

教程（变美方法教学）频道真实分享上妆的过程，逐步拆解且能基于教学的过程推荐合适的商品，并且这个商品最好是档次不太低的、还未被深刻认知的商品。教学中推荐的商品属于美妆护肤、彩妆、护发、染发或美容仪器等与变美相关的类目。

心得（真实变美心得）频道从消费者的定位出发，根据个人消费和使用经验，以短图文方式推荐单个商品，并且为了更有贴近感，需要结合生产者自身的人物特征或身份。心得的关键点：个人经验＋真实用户语调＋生产者身份特征。同样也最好是大众认知度还不太够的且也不能是太低档的商品。

案例：

笔者曾为 KIKO 的唇釉做美妆学院渠道的内容推广。考虑到商品的特点，笔者旗下的编辑选择为该商品做评测。笔者以"亲测 KIKO 唇釉，显气质的红棕色"为主题，以唇釉色为主要测评方向，测评持久度为辅来做内容创作，并在创作过程中以第一人称来侧重人格化。

该内容投放美妆学院渠道以后，获得了 21 454 次阅读和 13 441 次进店。美妆学院的内容浮现时间可以长达 90~180 天，内容引流效果显著。宣传效果如图 4-18 和图 4-19 所示。

图 4-18　内容截图

排名	文章/发布时间/作者	合作方式	浏览次数	互动次数	引导进店次数	查看	操作
1	亲测KIKO唇釉，显气质的… 2018-09-12 17:24:16 IYO范儿	非V任务	21,454	19	13,441	📱	详情

图 4-19　数据截图

4.6.3 家有萌娃

家里一旦有了孩子，孩子就成了家里的核心，一切都围着孩子转，并且还有非常多的消费就是在孩子身上的。家有萌娃这个板块就是以知识百科和真实分享为主的相应内容导购。它的主要展现人群包括早孕妈咪等10个细分消费人群。

在家有萌娃中，分有评测（心得评测）、教程（使用教程）、盘点（好物盘点）、搭配（搭配专辑）、百科知识（百科知识）5个子频道，育儿记、陪玩记、潮童记等栏目。

评测（心得评测）针对宝宝所处阶段，对宝宝在这个阶段会使用到的某类商品或某个商品进行深入分析和比较，给出购买建议，侧重洗护喂养／玩具类目，可以做孕期商品评测，宝宝商品评测。设计款／获奖款商品、网红款／热点款商品、畅销款商品会有更多机会入选。

教程（使用教程）针对宝宝所处阶段，提供不同阶段适用的教程，如辅食教程、陪玩手工教程等，侧重洗护喂养／安全护理类商品的畅销品和品质款。

盘点（好物盘点）针对宝宝所处阶段，提供对应阶段下区分不同场景或主题的商品推荐，可以从商品特性的角度进行盘点；也可以从帮助用户进行问题解决的角度进行盘点，可以从给出具体场景下的商品建议的角度进行盘点，主要以玩具、用品为主。推送的商品要契合主题，突出精选感，让用户感知到商品是用心整理出来的，不能只是堆砌。

搭配（搭配专辑）提供的内容就是对应阶段的穿搭示范（穿衣搭配真人上身效果＋商品搭配整套穿搭建议）。

百科知识（百科知识）相对应的内容是侧重安全健康类／洗护喂养类商品的知识，安全健康知识等。

育儿记为知识百科服务，不同问题的解决方案，如洗护喂养、安全健康、养育宝宝的常识等。陪玩记是亲子互动型的陪玩攻略。潮童记主要推荐不同年龄阶段穿搭示范。

所有的频道在推荐商品时都要注意是服务于内容的。对于同处于某一个阶段的母婴商品，商品价格和档次不能差距很大。这样才能更有效地针对不同人群推送。

案例：

笔者曾推广过一款孩子的玩具。笔者旗下的编辑考虑商品类目特点，选择家有萌娃为内容推广渠道之一，并以"启蒙小玩具，让孩子赢在起跑线"为主题做盘点，然后投稿在家有萌娃渠道。投稿后获得了9260次阅读和6416次进店。宣传效果如图4-20和图4-21所示。

图 4-20　内容截图

文章/发布时间/作者	合作方式	浏览次数	浏览人数	互动次数	引导进店次数	引导进店人数
启蒙小玩具，让孩子赢在… 2018-06-26 09:59:34 育儿叔叔	非V任务	9,206	6,036	9	6,416	3,191

图 4-21　数据截图

4.6.4　汇吃

民以食为天，手机淘宝的汇吃定位于以专业盘点、美食故事、真实分享为主的内容导购。展现人群包括无辣不欢等 23 个细分消费人群。

汇吃的商品图有店铺 DSR 评分和图片白底的要求。汇吃板块目前由盘点（好物盘点）、评测（专业评测）、故事（美食故事）三块内容组成。

盘点的要求其实很简单，就两个字："种草"！在不同的细分主题里达人挖掘出让用户有新鲜感的优质商品，做六款以上的集合推荐。

评测着重于"专业"两字。像专业的美食家一样，从各个维度分析美食，从而达到让用户心动的目的。

一个好的感性故事在很多时候会比刻板的评测有效果，美食故事也一样。这个板块着重于食物的前世今生（比如，油条是有着久远历史的中华美食，最早起源于……），有专业知识但更偏感性叙述，帮助粉丝学会评鉴这类美食。

案例：

笔者曾为一家食品类目商家做内容营销推广，商品是网红食品。笔者旗下的编辑选择食品类专有渠道“汇吃”作为内容推广的渠道之一，并根据网红食品的特点选择美食的颜值和口味作为内容方向，以“网红美食大集合，颜值美味齐上线”为主题创作汇吃内容。

内容投稿后获得了 12 222 次浏览，引导进店 8 650 次。汇吃的流量与有好货和必买清单相比偏少，但流量较为精准，浮现时间也可长达 90~180 天，引流效果也相当可观，图 4-22 和图 4-23 所示为所得成果。

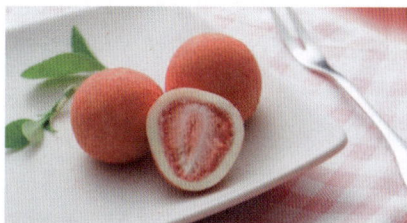

图 4-22 内容截图

排名	文章/发布时间/作者	合作方式	浏览次数	浏览人数	互动次数	引导进店次数	引导进店人数	查看	操作
1	网红美食大集合，颜值美... 2018-09-20 17:02:19 美滋美味	非V任务	12,222	7,032	0	8,650	2,300		详情

以上仅展示被用户浏览的内容

图 4-23 数据截图

4.6.5 极有家

极有家定位于以美感搭配、专业攻略和真实分享为主的内容导购。展现人群包括装修家等 12 个细分消费人群。在极有家下目前有专业评测、知识攻略、屋主案例、达人榜单、达人盘点、实拍搭配、工具搭配 7 个子频道。

除了常见商品的主图、DSR 评分等基本要求以外，商品想要发布到极有家，板块内容一定要对应并且商品要属于中高档。对于不同的子频道，极有家的内容建设的方向也是不同的，我们来看看目前这些子频道的要求：

专业评测：针对单品，做相近竞品比较、分析，给用户专业、全面的知识资讯。

知识攻略：用实用性的百科知识针对某个具体场景提供相应的解决方案。当然，在这个方案中可以带上我们的推荐商品。

屋主案例：从真实的屋主需求角度出发，讲解房屋的整体装修方案。除了真实，最好有用和有参考价值。

达人榜单：类似于专业评测，但基于同一维度给出系列的商品排名。维度可以是同一品类、同一功效、同一人群、同一风格等，不用像专业评测那么细而全但要有推荐的理由。

达人盘点：这是更具个性化感情的盘点，一般切入角度会新奇，甚至古怪一些，但推荐的商品要有实用性。

实拍搭配：实拍家居，提出风格、色彩、审美等方面的搭配意见，不是提出功能型硬件的搭配意见（比如，这里放冰箱，那里放洗衣机），而是从颜值、调性、美感角度出发提出搭配意见。

工具搭配：与实拍搭配非常接近，也基于审美出发，且不能是功能电器之类的推荐，不过不同在于更注重某个空间下有实用性功能的一些设置或特定商品的推荐。

案例：

笔者曾为一款礼物做过内容推广，该商品比较适合作为婚礼小礼物，笔者考虑商品特点，选择极有家为内容推广渠道之一，并选择达人盘点的内容形式，以"婚礼送祝福，这六款好物满足小心意"为主题，盘点了适合作为婚礼礼物的商品，并投稿到极有家。

内容投稿后半个月吸引了 3079 多次阅读和 2111 次进店。图文内容形式可以在渠道内浮现 90~180 天，极有家是居家类商品专有渠道，流量更精准，长时间引流效果较好。宣传效果如图 4-24 和图 4-25 所示。

图 4-24　内容截图

| | | | 非V任务 | 3,079 | 1,521 | 0 | 2,111 |

婚礼送祝福，这六款子物满足…
2018-10-23 13:46:32　iHome爱生活

图 4-25　数据截图

4.6.6 酷玩星球

游戏竞技、极限挑战、疯狂赛车、各种宠物等一直是部分人群的追求点，由此延伸的消费群体会分别对电子商品、户外旅行、车类改装、动漫宠玩等既"烧钱"又需要专业性建议的内容有强大的需求。酷玩星球就是基于这些定位于以专业资讯、评测、教程及真实分享为主的内容导购，展现人群包括登山达人等 48 个小而美的细分消费人群。

目前酷玩星球这个板块主要设有数码科技、运动户外、汽车车品、萌宠、二次元 5 个子频道。

数码科技分为评测和好物盘点两个部分。评测需要针对数码科技类商品，有真实的个人使用体验和专业的评鉴视角，通过各个细分维度评测商品，为用户带来客观、有料、专业、有趣的数码评测报告。好物盘点则主要做分类，做主题的优质商品盘点，让相应的客户看内容而被"种草"。

运动户外除了同样有评测和好物盘点两个部分，还有搭配专辑和运动领域。评测从个人体验出发，做鉴定，做出各个维度的分析，为用户带来客观、有料、专业、有趣的评测报告。好物盘点针对运动户外类商品，依据不同的细分主题，为用户推荐符合该主题的多款优选商品，盘点的主要作用是让用户有淘到宝的惊喜感，从而被"种草"。搭配专辑则向用户推荐最合适的运动装备，以真实的上身效果、整套的穿搭建议，给用户专业的推荐。运动领域涵盖健身、游泳、跑步、垂钓、骑行、瑜伽、潜水、羽毛球、冲浪、乒乓球、高尔夫球、网球、登山、足球、篮球、瘦身、飞盘、棒球、攀岩、轮滑、滑雪、滑板、武术搏击、舞蹈等领域的全套系列商品推荐。

汽车车品针对汽车车品类商品细分主题，与萌宠针对宠物类商品的细分主题、二元次针对与动漫二元次相关的商品一样，通过对此兴趣内容下商品各个维度的分析，为用户补充一些此类兴趣下的新商品，通过内容的阐述给用户"种草"。

案例：

笔者曾为一款女士笔记本电脑做内容营销。考虑商品的定位较精准，笔者旗下的编辑选择酷玩星球作为内容营销的渠道之一，以"适合女生的笔记本很多，但我只推荐这几款"为主题，以数码科技—好物盘点作为内容形式，分别从笔记本的"颜值"、重量、硬件配置、操作系统等方面进行创作，并在酷玩星球投稿。

投稿后文章获得了 18 571 次阅读和 14 829 次进店。酷玩星球的浮现时间可长达 90~180 天，引流效果较好。宣传效果如图 4-26 和图 4-27 所示。

图 4-26　内容截图

排名	文章/发布时间/作者	合作方式	浏览次数	互动次数	引导进店次数
1	适合女生的笔记本很多，但我只推... 2018-09-27 15:57:12　IT数码手机控	非V任务	18,571	30	14,829

图 4-27　数据截图

4.6.7　全球时尚

全球时尚为高端女性人群服务，立求分享最权威、高端、时尚、潮流的内容，是以专业时尚资讯、品牌动态和故事为主的内容导购，推送给轻奢主义等 10 个细分消费人群，树立高端、时尚内容聚集地的标杆。

全球时尚的商品推送不支持普通的促销形式，而要求用故事性、场景性内容包装商品，主要满足一、二线城市高端人群需求。达人创作的内容范围不限，如上新、穿搭教程、时尚趋势解读、时尚趋势推荐、品牌故事、即时时尚资讯分享等均可，但要符合高端、时尚、潮流等调性。

案例：

笔者曾为一款女装做过内容营销推广，时下正值宋祖儿高考。笔者选择全球时尚作为内容营销的推广渠道之一，以"跟宋祖儿学习穿搭 Tips，时髦精养成记"为主题做好物盘点，并投稿全球时尚。

内容投稿后该篇文章吸引了 66 808 次阅读和 18 099 次进店，引流效果奇佳。宣传效果如图 4-28 和图 4-29 所示。

图 4-28　内容截图

18	跟宋祖儿学习穿搭Tips，...		非V任务	66,808	100	18,099
	2018-10-16 18:44:06	SuperELLE				

图 4-29　数据截图

4.6.8　百变个性

1．手机个性时代

随着智能手机的使用越来越普及，手机端的用户数量快速增长，为了让有限数量的展位实现更高的转化率，淘宝基于现有的搜索数据和全网收集的相关信息，对流量的匹配越来越更精准。淘宝系统会抓取用户发布的一张图片、一条信息，并给用户匹配相关的商品，用户如果在淘宝的手机端直接搜索，权重就会更大，会加重整个类目板块推荐的权重。

其实并不是所有板块都会展现在每一个用户的手机端，系统要根据用户以往的购物需求，主要展现甚至重复展现相关的板块，隐藏非相关的板块。比如，对于一个正常搜索购物、喜欢时尚数码的 20 岁男生，系统依据他的需求，在手机端是不会展现母婴内容和美妆内容的。

与这种形式配合得更紧密的是，整个店铺的经营范围与消费者需求的相关性越高，权重就越高。最有经验的推荐达人也更倾向与专业性强的店铺合作，这就需要我们的经营类目要专注于一个范围。

2．以不变应百变

淘宝唯一不变的就是变化，但无论如何，我们总是可以分析出变化的趋势，也能找到支撑变化的核心内容，我们要抓住这些，以不变应万变。

某个产品的推荐是否会引发一系列相关产品的购买，是否会产生更大的效益，这个产品的推荐是否有专业服务保证，是否能够让买家产生良好的购物体验，无论版面展现怎么变，这些都是购物平台永远不会变的核心。对于这个核心，店铺经营的产品要专注于同一个相关领域，这样才能更有机会被推荐。

直播与短视频的涌现，让信息传递更丰富、更生动。对于同样的产品说明，短视频的会比图文的得到的展现机会更多。动的权重越来越高，但从全平台全网不同类型渠道全覆盖来考虑，动与静互补是必需的，甚至因为图文展现的限制较少，所以它是必备的创作内容。

买家可以通过产品说明页得到产品的展现内容，所以在内容创造上，我们也要给买家说明性的展现内容以外的内容。创作思路如下。

心得类：内容包括使用同类产品后的深入分析和比较、更多数据支持的专业评测、更多数量和使用特征的盘点。

教程类：最佳应用为针对某些场景给予具体的解决方案，从而引出产品；实用搭配、专业搭配使用推荐。

问题类：针对一类共性问题进行专业问答，提出解决方案。

无论是短视频还是图文，只要表现形式上更有趣味性就更容易被传播，也更容易被采集。

4.7 微淘——达人号

4.7.1 微淘创立时间、定位、位置频道、参与角色

微淘在品牌、店铺、产品和消费者、粉丝之间架起了一座桥梁，形成了一个可以沟通和传播信息的"信息层"。对淘宝卖家而言，巧妙借助微淘的社交互动营销价值，可以更好地为消费者与粉丝服务，传递品牌信息、优惠折扣、新品爆款和情感话题等内容。

在学习微淘运营之前，商家可以简要了解一些微淘的历史，包括创立时间、不同阶段微淘的定位、频道栏目和参与内容创作的角色等，了解过去才能更好地读懂微淘。

1．微淘创立时间

微淘最早创立于 2013 年。微淘诞生的背景与智能手机和移动互联网的发展密切相关。2012 年，手机淘宝用户突破 3 亿人。2013 年 4 月，手机淘宝公众平台——微淘开始内测。测试期间，已经有超过 5 万个商家、达人账号加入内测计划。

2. 微淘定位

微淘创立初期的定位是移动消费领域的入口。它能为消费者提供方便、快捷、省钱的手机购物服务。

在 2017 年千牛直播中，微淘小二鹤桐曾介绍，微淘是商家运营粉丝的阵地。微淘是消费者通过订阅商家账号获取优质内容和服务的平台，运营者和粉丝能够围绕账号产生互动。微淘能帮助商家获取和"沉淀"粉丝，成为无线端运营的重要阵地。

3. 微淘位置频道

微淘位于手机淘宝底部导航栏左边第二个位置，前台展示频道会根据实际情况增减栏目。微淘图文、短视频的形式是文案在上、图片在下，还是图片在上、文案在下，以实际调试版本为主。

以 2019 年 3 月的版本为例，主要栏目包括关注、上新、精选、晒单、时尚、美食、潮sir、生活、明星和品牌等，如图 4-30 所示。女王节频道只在活动期间设置，活动结束后取消。

关注、上新、推荐、晒单四个频道为固定形式展示，后面的垂直行业频道为"千人千面"展示，依据不同的消费者人群标签进行展示。

图 4-30　微淘 2019 年 3 月版本

4．微淘参与角色

微淘目前参与的角色除了商家外，还有自媒体、明星、红人、淘女郎、垂直领域专家、媒体、网站 App 等，为消费者推荐资讯、店铺宝贝、大促活动和品牌。商家除了自己发布微淘内容外，也可以与自媒体、红人等合作。

目前微淘主要向 18 个行业领域中 125 个角色的创作者开放认证申请。角色认证是对创作者身份角色的认可，代表相关领域的专业度，具体分类如图 4-31 所示。

图 4-31　微淘的参与角色

要想成为淘宝达人，可以在阿里创作平台"我的角色"中申请认证。

淘宝达人认证有三个方面的价值。首先，达人有独有的认证标识，可以让官方背书，提升读者信任感。其次，根据细分角色和能力认证，达人可以快速入驻相应频道。最后，在"阿里V 任务"中拥有角色认证，可以让商家清晰地了解达人专注的领域，提高合作概率，如图 4-32 所示。

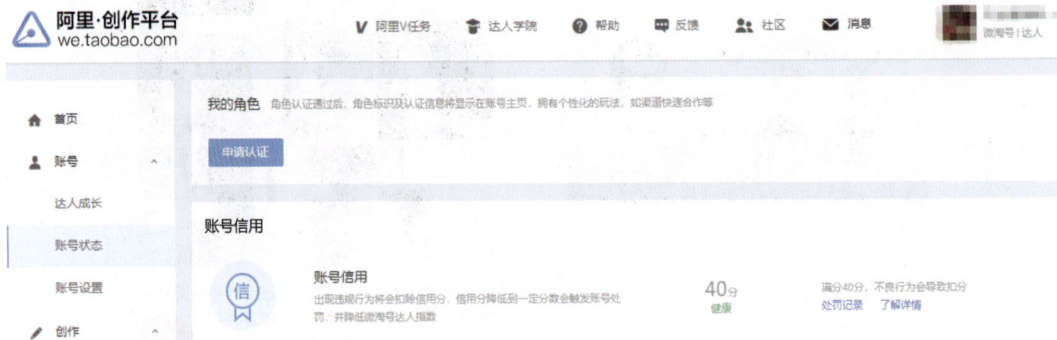

图 4-32　阿里创作平台达人角色认证申请

1）微淘精选商家店铺

微淘精选推荐的店铺包括天猫旗舰店、专卖店、专营店和淘宝 C 店等店铺，如图 4-33 所示。品牌店铺会有"品牌官方店"角色标签。

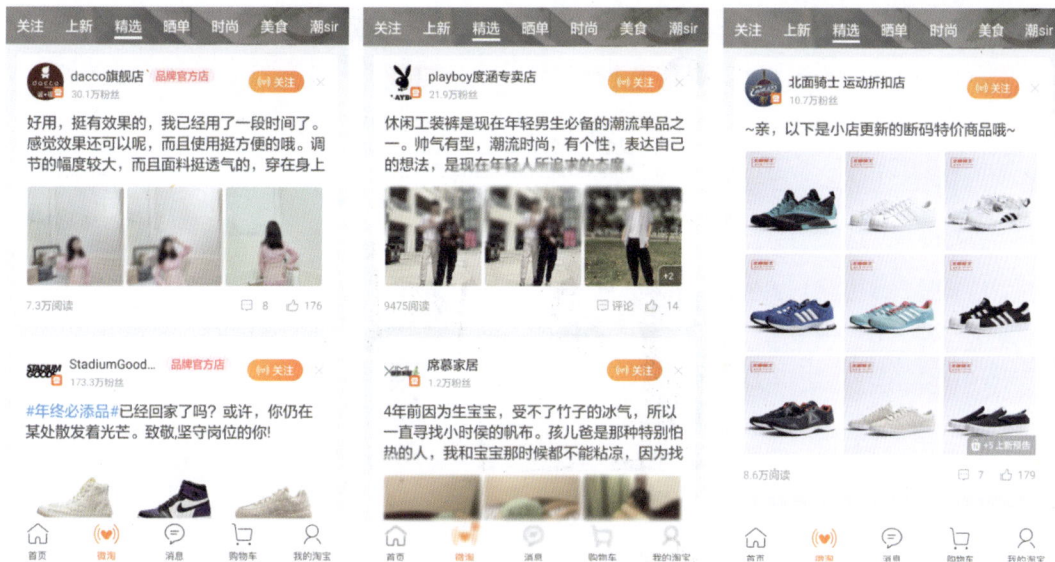

图 4-33　微淘推荐天猫旗舰店、专卖店、专营店和淘宝 C 店等

2）微淘精选红人店铺

微淘精选推荐的认证过的"淘宝红人店"如图 4-34 所示。

图 4-34　微淘推荐的认证过的淘宝红人店

3）微淘推荐认证红人

微淘精选除了推荐拥有店铺的淘宝红人店外，也会推荐一些没有店铺的淘宝官方认证的红人，如图 4-35 所示。

图 4-35　微淘推荐淘宝认证红人

4）微淘精选明星内容

微淘精选中也会推荐一些认证明星的微淘内容，例如董璇、戚薇、柳岩、林允、papi 酱、赵奕欢等入驻微淘的明星，如图 4-36 所示。

图 4-36　微淘推荐明星内容

5）微淘精选淘宝达人

微淘精选推荐的达人包括认证的达人和没认证的达人。另外，商家注册的商家达人号内容，也会被微淘精选抓取，如图 4-37 所示。

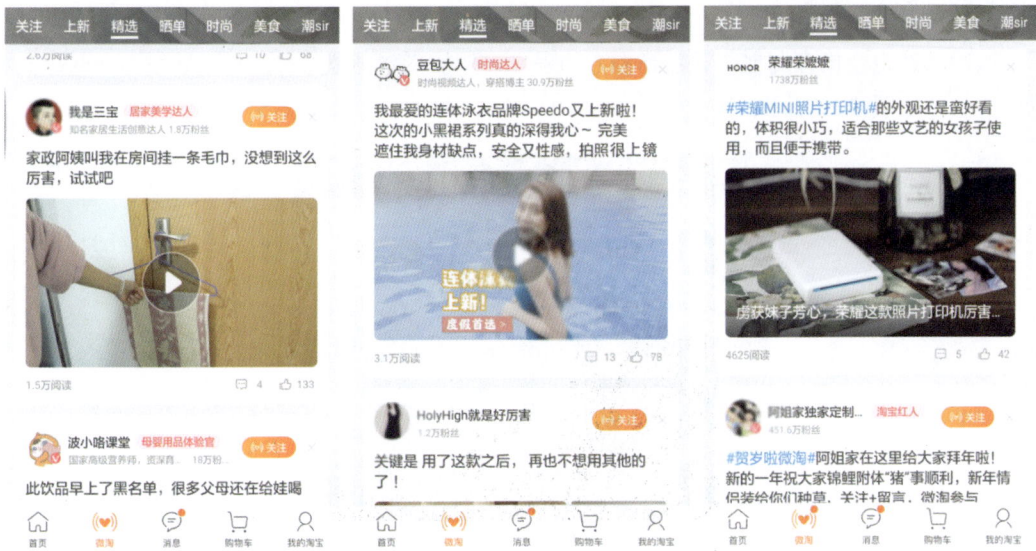

图 4-37 微淘推荐达人和商家达人号

6）微淘精选自媒体

微淘精选会推荐一些行业类目相关的自媒体账号，例如母婴自媒体生了么、时尚自媒体张凯毅 KEVIN 等，如图 4-38 所示。

图 4-38 微淘推荐自媒体

7）微淘精选官方账号

微淘精选也会推荐淘宝、天猫等官方的账号，例如飞猪神秘旅行，它主要发布一些旅游类资讯信息，如图 4-39 所示。

图 4-39　微淘精选官方账号

4.7.2　微淘对于商家的价值

在淘宝乃至整个电商界都流行着一个万能公式——销售额 = 客户数 × 转化率 × 客单价。很多商家没有重视微淘的价值，往往是因为在无数据整理和分析的情况下，对微淘的价值没有形成体系化的认知。

1. 微淘的直接和间接价值

微淘的价值可以分为直接价值和间接价值，也可以看作短期的价值和长期的价值。细分之后又包括流量价值、销售价值、粉丝价值、CRM（客户关系管理）价值和品牌价值等，如图 4-40所示。

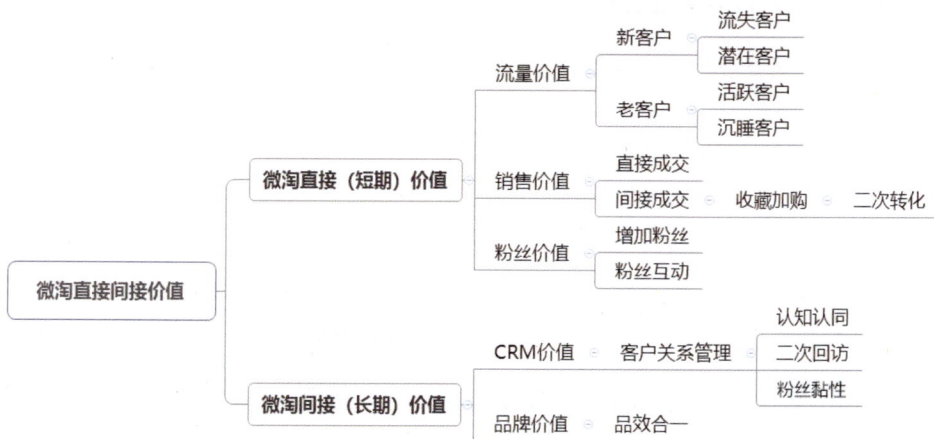

图 4-40　微淘的五大价值

2．微淘新老客户的流量价值

在生意参谋→流量→来源分析→店铺来源中，可以查看和下载月度和每日数据，可以查看微淘带来的访客数和新访客数，如图 4-41 所示。

图 4-41　在生意参谋中查看微淘访客数、新访客数

如何引导新客户成为老客户？在日常的访问中，既有老客户，也有新客户，在拉新和转化过程中，可以"沉淀"一批新客户，使其变为老客户。

商家可以通过一些互动活动和玩法来引导客户二次下单。目前，主要可以通过关注微淘享受 VIP 待遇、收藏送优惠券、签到有礼、微淘晒买家秀有礼和会员积分兑换好礼等方式转化新访客。

3. 微淘引导成交的销售价值

微淘能够带来流量，从而带来部分销售额转化。商家利用微淘不断吸引新老客户，聚集自己的粉丝，利用发布的微淘内容，引导客户转化。

微淘带来的销售额包括直接销售额和间接销售额。直接销售额是指用户浏览微淘内容而直接下单产生的销售额；间接销售额是指用户浏览微淘内容，但是没有购买这部分内容中涉及的产品，而是购买了店铺中的其他产品产生的销售额。

在生意参谋流量→店铺来源中，可以查看微淘所带来的支付金额、支付转化率等。对于微淘引导成交的销售额可以做每月汇总，这样能更直观地反映微淘的销售价值，如图 4-42 所示。

图 4-42 在生意参谋中查看微淘支付金额和支付转化率

4. 微淘直播群聊的 CRM 价值

微淘具备 CRM 价值，商家可以通过发布资讯、活动和优惠信息等内容，吸引新客户，维护老客户，增加客户的二次回访率和黏性。在阿里创作平台用户分析→读者分析中可以看到二次回访数据。

5. 微淘"品效合一"的品牌价值

对于大多数消费行业头部品牌而言，来自品牌忠实粉丝的成交量占比很大，而这些粉丝的客单均价、购买频次、店铺停留时长等指标，也都远超过普通游客型用户的一般消费水平。

在客户运营平台中，通过客户分析中的粉丝数据可以看到，在支付人数和成交金额上，粉丝的数据低于非粉丝的数据，而在支付转化率和客单价方面，粉丝的数据则高于非粉丝的数据，如图 4-43 所示。

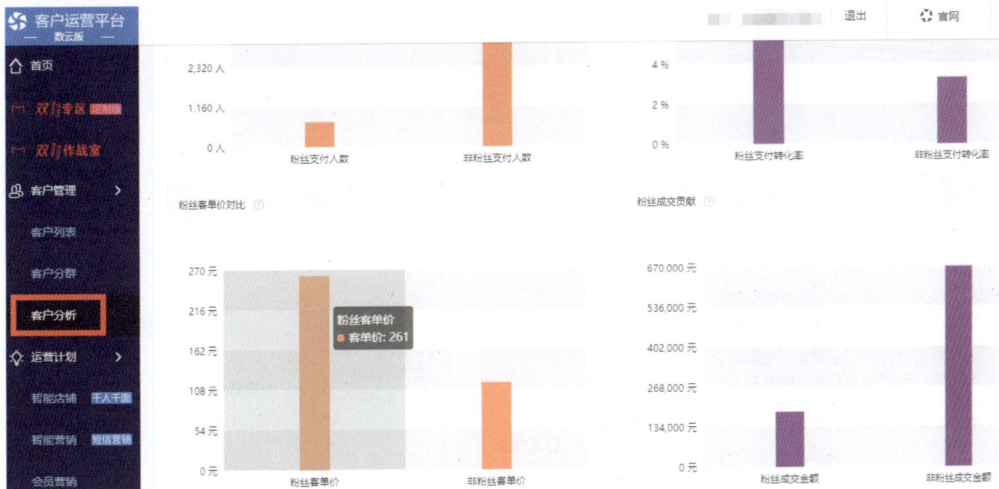

图 4-43 客户运营平台中的客户分析

4.7.3 商家的内容规划

微淘运营包括人群运营、内容运营和活动运营。在店铺微淘日常运营中，商家既需要完成每日的内容发布，也需要策划节日活动、行业活动，以此获取粉丝关注，获取更多流量，提高销售转化率。此外，微淘官方每年都会策划不同的官方活动，建议符合资质的商家尽量参与活动，争取更多的活动流量。

1. 微淘日常大促活动规划

微淘内容规划主要包括日常内容规划和大促内容规划。按照微淘内容四大属性划分，日常内容分为商品类、资讯类、导购类和互动类内容。大促内容可以分为平台大促、节日大促、行业大促、店铺大促、微淘活动、店铺周年庆等内容，如图 4-44 所示。其中微淘活动可以在淘宝论坛、微淘论坛或阿里创作平台公告中查看，可按照要求投稿报名参与。

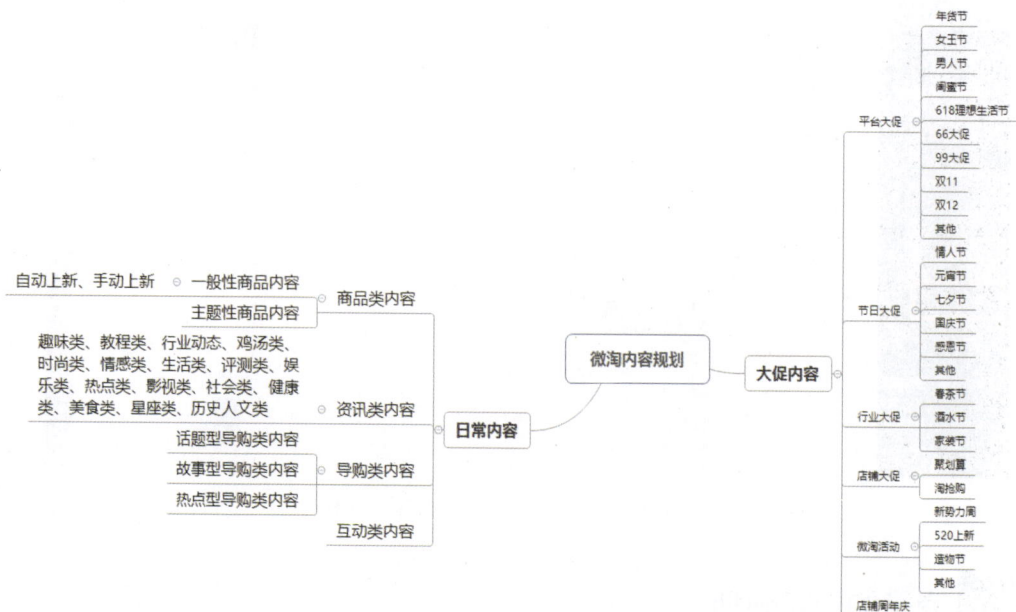

图 4-44　微淘内容规划日常和大促内容

2. 微淘年度内容规划

根据微淘内容规划，商家需要做好年度、季度、月度和每周的内容规划。

关于年度规划，我们以 2019 年为例进行说明。首先需要做一个表格，里面可以按月份和日期进行填充，以便活动前的备货、装修设计、筹备内容和打造爆款等准备，如图 4-45 所示。

图 4-45　店铺全年规划表

然后把平台活动、行业活动、节日活动、节气活动和店铺活动等按类别填进表格中，汇总成为微淘年度规划表。

3. 微淘季度内容规划

年度规划制定完之后，还需要把规划细化到一年中的四个季度。以禧爱壹家旗舰店为例，他们规划好每个月的大致内容，包括日期、节日、内容主题、活动形式、预热时间、爆发时间、收尾时间等，如图4-46所示。

季度	月份	序号	日期	节日	内容主题	活动形式	预热时间	爆发时间	收尾时间
	1月	1	2018年1月1日	元旦节	以节日为话题做情感宣导	长图文	无	无	1月1日.
		2	2018年1月5日-2018年1月15日	年货节	官方活动，营造'家的味道'	预售 盖楼 攻略 长图文 抽奖	1月5日-1月7日	1月8日-1月11日	1月12日-1月15日
		3	2018年1月24日	腊八节	以节日为话题做情感宣导	九宫格互动	无	无	1月24日.
Q1	2月	1	2018年1月27日-2018年2月5日	立春	年前最后一波活动，清仓、送礼	九宫格互动	1月27日-1月28日	1月29日-2月4日	2月5日
		2	2018年2月14日	情人节	以节日为话题做情感宣导	长图文	无	2月14日	2月14日
		3	2018年2月15日	除夕	以节日为话题做情感宣导	九宫格	无	2月15日	2月15日
		4	2018年2月16日	春节	以节日为话题做情感宣导	九宫格	无	2月16日	2月16日

图 4-46 店铺季度规划表

以第一季度前两个月为例，按时间顺序规划出每个月需要制作的内容，以节日和大促等为节点，内容主题由官方指定或者店铺自定，活动形式包含长图文、九宫格、短视频或视频直播等。

然后规划好活动内容预热时间、爆发时间和收尾时间，以便在此前准备好文案编辑、图片设计、活动奖品及中奖名单等。

4. 微淘月度内容规划

年度和季度的宏观内容规划完之后，还需要具体规划每个月的内容。在下一个月活动开始前一周或两周，就应该规划好下一个月的内容，可以按照主题名称、类别、内容类型、主要内容、官方预热时间、店铺预热时间、内容投放时间，以及负责人等制作月度规划表。

类别代表了活动的重要程度，内容类型指的是盖楼、攻略等需要完成的具体内容。在主要内容一列，可以填写具体时间的工作安排，比如发布活动攻略的具体日期，店铺各渠道进行预热等信息，如图4-47所示。

主题名称	类别	内容类型	主要内容	官方预热时间	店铺预热时间	内容投放时间	负责人
99大促	A	盖楼、攻略	9.4当天发布活动攻略，客服、店铺各渠道进行预热/9.5日当天发布盖楼活动，客服、店铺各渠道进行推广/9.6.7.8微淘预热，分别以套装产品九宫格、换购产品公告、热点+热销产品为内容/9.9活动当日发布产品九宫格，公布前99分钟活动中奖名单/9.10日活动收度推送，拍个层真面感，清查	9月5日0:00-9月8日23:59	9月4日15:00-9月8日23:59	9月4日15:00-9月11日15:00	
9.14情人节	B	长图文	以蜜月圣地为主题，列举6大度蜜月风景区，每个场景都关联到店铺产品（周边、元素相同）/店铺首页插入轮播图跳...	/	/	9月14日10:00	
天猫家年华	A	互动、预售、换购	9.20当天发布活动攻略，客服、店铺各渠道进行预热/9.21发布预售公告，引导卖家购买9.22发布换购产品九宫格/9.23当天发布新品清单（长图文）/9.24日发布九宫格清单+评论有礼/9.25-9.27微淘发布活动内容，推动气	9月21日00:00-9月24日23:59	9月20日15:00-9月24日23:5	9月20日15:00-9月28日15:00	

图 4-47　店铺月度规划表

每个月都按照此表格执行，就可以有效执行既定的运营方向和目标规划。如果有临时的活动内容，也可以添加进去。最后可以把每个月的规划汇总，并分析活动之后的效果，以积累经验，改进不足之处。

5. 微淘每周内容规划

每周内容规划可以细化到每一天、每个小时需要创作的内容。商家可以根据用户访问习惯和下单习惯安排上午、中午、下午和晚上要发布的内容，可以先在微淘中进行测试，然后确定发布时间。

而发布内容可以以栏目的形式，在固定时间更新固定栏目，就好比《新闻联播》每天晚上7点准时开播。发布条数根据商家的微淘等级，以及工作效率、时间安排而定，不一定要发满10条。微淘每周内容规划表如图 4-48 所示。

条数	日期	9.1	9.2	9.3	9.4	9.5	9.6	9.7	9.8	9.9
1	星期	五	六	日	一	二	三	四	五	六
2	上午10:00	买家秀	买家秀	买家秀	买家秀		买家秀	买家秀	买家秀	公布获奖名单
3	下午15:00		产品九宫格			试用获奖公布		当下热点+产品穿插		
4	下午16:30	明星周边	上新							买家秀
5	晚上8：00-9:00	结婚周边		结婚周边	产品九宫格	结婚周边	当下热点	结婚周边（顺提活动）		产品九宫格

图 4-48　微淘每周内容规划表

每周内容把日常内容和大促内容等结合起来，既可以发布产品上新、产品周边、产品穿搭技巧和买家秀等内容，也可以定期推出一些盖楼、集赞、签到和投票等互动内容。

4.7.4 商家与达人合作的意义

微淘内容创作主要包括商家原创内容和转发的达人内容。其中商家原创内容既包括教程、店铺故事、宝贝故事和单品创作等"重内容"，也包括预上新、上新和买家秀等"轻内容"。

商家和达人合作，可以借助其原创能力、粉丝号召力，帮助店铺进行品牌推广，完成营销活动，如图4-49所示。

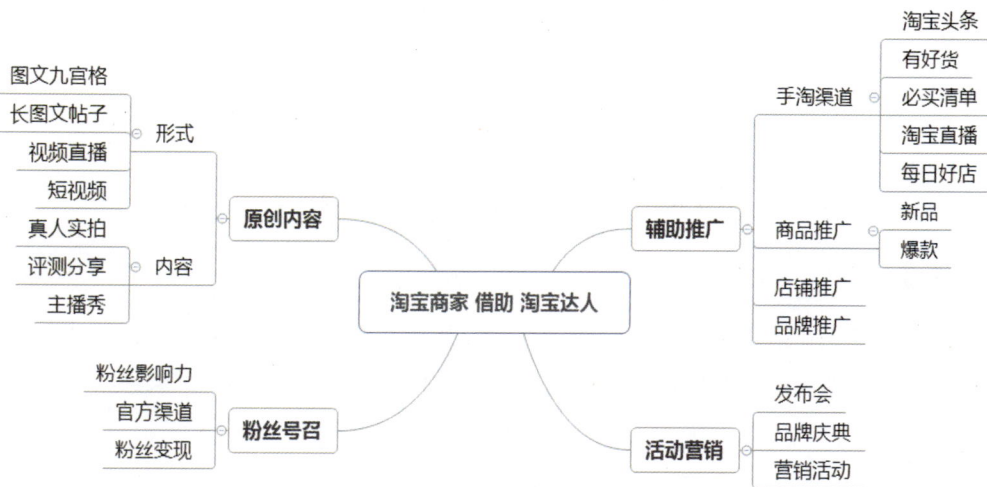

图4-49　商家借助淘宝达人推广

1．原创内容

如果商家不擅长长期生产原创内容，可以与淘宝达人合作，由其制作图文九宫格、长图文帖子、视频直播或短视频等内容，在微淘发布后，可以将流量引导到商家店铺中，帮助商家提升流量和销售额，如图4-50所示。

图 4-50　商家和淘宝达人合作创作微淘内容

2. 粉丝号召力

由于淘宝达人在站外或站内有一定的影响力，因此其拥有一定数量的粉丝，具备粉丝转化能力。商家可以通过达人在平台的影响力、官方对于内容的推荐来实现粉丝变现。

3. 辅助推广

商家可以和淘宝达人合作，在手淘公域渠道、微淘进行渠道推广，在此过程中，实现对商品、店铺和品牌等的推广，经过渠道推荐，提升曝光的机会。

4. 活动营销

在平台大促、行业大促、节日活动或店铺周年庆等活动中，商家也可以联系淘宝达人，进行内容预热和消费者"种草"，待到大促的时候，可以吸引粉丝回访，实现变现。另外，商家也可以联系淘宝达人参加线下发布会或品牌推广活动。

4.7.5　商家通过阿里 V 任务与达人合作

商家可以到阿里 V 任务平台找达人。里面汇聚全网内容服务方，包括创作者（个人）和机构，如图 4-51 所示。

图 4-51　阿里 V 任务

　　商家根据需要进行筛选，可以找到对应身份、渠道和领域的达人。按照"达人综合能力""完成任务数"和"任务完成率"，可以对达人进行排序。

　　达人页面中主要有达人昵称、粉丝数、合作任务数、服务评分、任务完成率、垂直领域、所属机构，以及短视频或图文制作的报价，如图 4-52 所示。

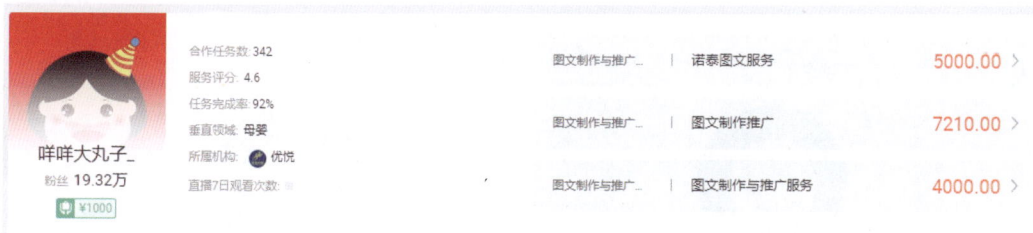

图 4-52　阿里 V 任务中的达人信息

　　点击达人头像，可以查看达人综合能力分数，以及接单效果（接单率、响应时间、完成率）和服务效果数据（服务评分、累计用户数、服务数量）。数据能反映达人的接单能力和服务水平。

　　此外，商家也可以查看达人的服务详情，包括直播、短视频、图文、大鱼号、官方任务和其他具体据，如图 4-53 所示。

图 4-53　达人服务详情

　　粉丝基础特征包括性别占比、年龄分布和城市分布，如图 4-54 所示。性别、年龄、城市对于消费者的消费偏好及价格敏感度有很大的影响。

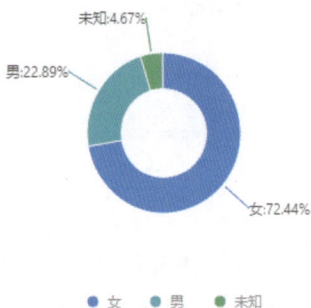
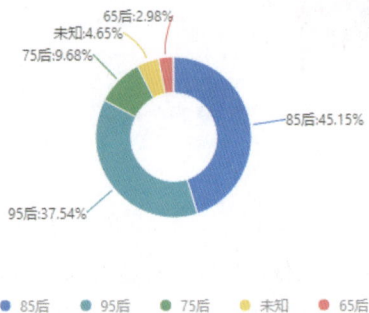

图 4-54　粉丝分析中的性别占比和年龄分布信息

　　消费偏好包括类目偏好和生活偏好。类目偏好目前包括移动／联通／电信充值中心、女装／女士精品、女鞋、美容护肤／美体／精油和女士内衣／男士内衣／家居服。生活偏好目前包括数码达人、家庭主妇、买鞋控、速食客和烹饪达人。通过粉丝数据分析，可以判断该达人是否适合店铺情况，如图 4-55 所示。

消费偏好

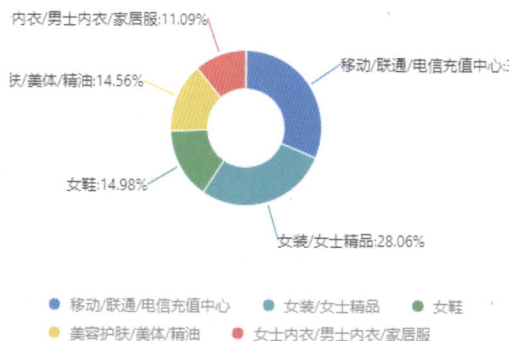
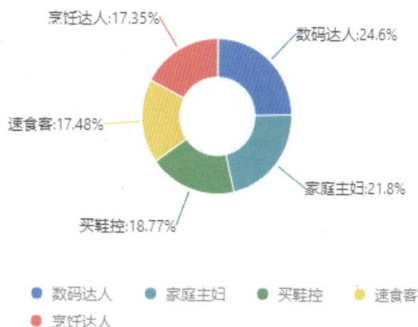

图 4-55 粉丝分析中的类目偏好和生活偏好信息

在历史作品及数据中，可以查看达人的作品创作时间和观看次数等基本情况。比如，点击"直播 7 日内容观看次数"，可以看到历史直播信息和对应的宝贝数量，从而判断直播效果，如图 4-56 所示。

优质图文

冬季轻装秀，唤醒宝贝运动天性

冬天到啦，宝贝们又该换上新衣服啦。不过冬日寒风冷冽，一定要注意保暖。小孩子可是最闲不下来的，运动服也要更舒适透气才可以呢。让宝宝轻松运动的穿搭好物，不再受衣服的束缚。

被 必买清单 收录

👁 1.54万 💬 2

图 4-56 达人历史作品及数据

累计评价主要展示了和达人合作的客户名称、服务类型（图文、直播或短视频）、服务金额（数据隐藏）、星级、评价时间和评价内容。如果达人制作的内容较好，评价的星级就较高，如图 4-57 所示。

| 服务详情 | 粉丝分析 | 历史作品及数据 | 累计评价 61 |

累计评价

评价星级：　不限　　五星　　四星　　三星　　二星　　一星

客户名称	服务类型	服务金额	星级	评价时间	评价内容
jd****mr	图文市场	¥****	★★★★★	2019.02.13	超级值得信任的伙伴~
上海***bc	图文市场	¥****	★★★★★	2018.10.15	非常配合，数据非常好！非常适合长期合作
快把***挪开	图文市场	¥****	★★★★★	2018.09.06	第一次找达人进行图文合作的试水，数据千牛系统未更新公布，那就先评价一下服务态度吧，咩咩大丸子无论是客服接待还是文章编辑都是很棒的。光看文章阅读数的话数据也是很不错的，至少破了五千，虽然这次合作的是微淘单品，但是有点期待能有下次合作的机会。

图 4-57　达人累计评价

商家在筛选达人的时候，可以建立相应的达人数据库或统计信息表，方便以后寻找达人，实现双方及粉丝的互利共赢，如图 4-58 所示。

淘宝达人统计信息表												接单效果数据			服务效果数据		
序号	渠道	淘宝达人号	粉丝数	垂直领域	渠道	合作任务数	任务完成率	服务评价	合作咨询(旺旺)	图文单价	视频单价	达人综合能力指数	接单率	响应时间	完成率	服务评分	累计用户数	服务数量
1	有好货																	
2	有好货																	
3	有好货																	
4	有好货																	
5	有好货																	
6	有好货																	
7	有好货																	
8	有好货																	
9	有好货																	
10	有好货																	
11	有好货																	
12	有好货																	
13	有好货																	
14	有好货																	
15	有好货																	
16	有好货																	
17	有好货																	
18	有好货																	

达人　机构　+

图 4-58　淘宝达人统计信息表

4.7.6 商家转发达人内容增加流量

2018 年 5 月 9 日,微淘官方对转发功能做了一次升级,开通了新的转发功能。在"发微淘"中的"转发"里,商家可以选择我的 V 任务内容、达人微淘内容和商家微淘内容。商家可以通过 PC 端转发内容,也可以用主账号通过手机淘宝转发,如图 4-59 所示。

图 4-59 我的 V 任务内容

我的 V 任务内容主要是商家在阿里 V 任务中发布的招商内容,在后台中会展示内容标题、作者昵称、本店宝贝 / 宝贝数、互动数和阅读数等数据。

达人微淘内容包括本店铺宝贝内容和非本店铺宝贝内容,商家可以勾选"含本店铺宝贝内容",选择阅读数比较多的内容转发到店铺微淘中,如图 4-60 所示。

图 4-60 转发达人微淘内容

商家微淘内容主要是阿里创作平台上其他商家发布的内容，如果做品牌联合推广，商家可以转发其他商家发布的包含本店铺宝贝的内容到自己的店铺微淘中，如图 4-61 所示。

图 4-61　转发商家微淘内容

商家可以对转发的微淘数据进行统计和分析。如果用户点击商家在店铺微淘中转发的内容，系统就会将其引导到新的转发详情页，而不是此前达人原创的内容里面。商家可以查看转发后的浏览次数、互动次数和引导进店次数、引导进店人数等数据，如图 4-62 所示。

图 4-62　转发后的数据分析

商家在转发内容到微淘中的时候，可以输入想要对粉丝说的话，这些话会在微淘关注中展示，如图 4-63 所示。

图 4-63　转发内容到微淘时输入想对粉丝说的话

　　商家转发完微淘内容之后，可以在"全部作品"中查看相关内容，里面有"新版转发"和"旧版转发"两种统计数据。

　　商家可以按照转发时间段、采纳渠道或者内容搜索，查看转发的内容数据。转发的内容也按照当日发布的内容进行计数。

　　如果商家转发达人发布的内容，达人可以获取佣金和新的粉丝。而新转发的内容获得的评论、点赞等互动数据，会计算到商家微淘数据中。这些互动数据，会对商家的内容价值分和粉丝价值分等有一定的影响。

4.8　小红书

4.8.1　平台简介

　　小红书是一个以分享年轻生活方式为目的的平台，由毛文超和瞿芳在 2013 年创立。

　　小红书的用户群体主要是"90 后"，截止到 2018 年 10 月小红书已经拥有了 1.5 亿名用户。在小红书上，用户可以通过短视频、图文等形式来记录生活中美好的点滴。小红书曝光内容的覆盖面也非常广：时尚、护肤、彩妆、美食、旅行、影视、读书、健身等各个领域的生活方式都可以在小红书上看到。小红书 LOGO 如图 4-64 所示。

图 4-64　小红书 LOGO

4.8.2 运营模式及玩法分析

小红书致力于构建生活方式分享社区，以 UGC（用户生产内容）为主，PGC（专业生产内容）、PUGC（专家生产内容）为辅，持续输出优质内容，通过个性化分发提升内容匹配效率。小红书从出境游购物攻略内容切入，逐步拓展为生活方式分享社区，瞄准"90 后"年轻女性，致力于成为让年轻人轻松分享生活笔记的交流社区，以 UGC 形式为主，同时开设多个 PGC 垂直官方账号，引入明星、达人创作 PUGC 内容，利用机器算法精准触达用户。

小红书以优质内容积累用户，为用户构建完整的消费路径闭环。小红书平台聚集了大量优质内容，满足用户闲逛需求，帮助用户发现美好生活方式，内容覆盖时尚、穿搭、护肤、彩妆、明星等 18 个话题（如图 4-65 所示），激发用户探索、购物的欲望。当用户产生购物倾向时，社区其他用户的体验测评可帮助用户进行消费决策。用户收到商品或体验过服务后，在社区记录、分享，吸引其他用户互动、点赞、评论等，完成内容生产，构建完整的消费路径闭环。

图 4-65　小红书覆盖的话题

小红书的品牌推广方法主要有四种。

1. 明星推荐：明星人气，"引爆"流量

明星自带大量粉丝，明星对某个款式或者某个品牌的产品做笔记进行分享，很容易为产品打上"明星同款"标签，而粉丝的推崇和跟风，就成了大部分流量的来源。明星分享很容易和商业广告区分开来，个人化的推荐更能受到消费者的青睐。

明星分享大多是通过一篇图文或者一段视频，这样更有利于打动用户，有效增加了用户对于所分享商品的信任度，从而把这些用户转化为关注和购买的主力军，能有效促进商品的成交，提升商品的销量。

2．KOL 效应：通过 KOL 的能量，提升品牌的曝光量

由于小红书是以用户原创内容为主的分享平台，所以当一些人对产品进行分享后很容易成为在某一些领域有领导能力的人，这些人就会成为小红书的 KOL（关键意见领袖）。他们大都拥有大量精准的粉丝，而且粉丝的黏性很强，他们在自己的专属粉丝圈内，就拥有了别人所不能及的影响力及话语权。

因此，当 KOL 以小红书笔记的形式来对一些品牌或产品进行分享时，就会有效增加其粉丝对于这些品牌或产品的认可。而这些品牌或产品也通过这种分享方式获得了非常可观的热度和搜索量，不仅提升了曝光率，也提升了转化率。

3．联动霸屏：笔记瀑布流，加深品牌形象

很多消费者会因为频繁看见某件物品而产生购买欲，而小红书作为一个分享型的平台，可以快速提升品牌的曝光率，再联合众多 KOL 为品牌创作出大量的专属内容，营造"刷屏"的氛围，这也是小红书推广的一个重要策略。

首先，通过大数据得到用户关注的一些信息，做出目标人群画像，并分析竞品关键词，然后邀请众多 KOL 一起创作该品牌的优质"种草"内容，从而吸引更多的 KOL 加入进来，快速形成 UGC 氛围，然后通过 KOL 与粉丝之间的交流互动，来扩大话题的影响力，最后将产品的链接植入"种草"内容，达到引流、引导成交的最终目的。

4．网红"种草"：增加用户对品牌的信任，引导成交

在我们生活的时代，互联网就是生活的一部分。从互联网上获取自己需要的信息，已经成为大多数人的习惯。而某些达人分享的内容很容易契合消费者的心理，从而成为消费者的向导，这就是 KOL 引导式消费。

如果 KOL 发布的笔记得到了消费者的认可，也就增加了消费者对 KOL 分享的品牌的认可，而且当消费者 A 和 B 同时关注该 KOL 时，两人之间也会产生更多的交流，社交关系网也会因此形成。

问题思考

1．淘宝上的内容是由谁生产的？

答：淘宝上的所有内容只有两种主体能生产，一种是商家，另一种是淘宝达人，而且所有的手淘首页的内容基本上只能由淘宝达人提交，商家只能以参加活动或在私域发布内容然后等着被系统抓取的方式进入公共内容频道，所以淘宝达人非常重要。你在手淘首页的入口看到的内容除了小二推荐的，其他几乎都是淘宝达人发布的。

2．每个单品都可以进入所有的渠道吗？

答：不是。每个渠道都有独立的要求，只有符合渠道规则的产品，才可以和达人创作内容一起进入渠道。

3．淘宝头条作为首页第一个渠道，其内容形式有几种，分别是什么？

答：有4种，分别为普通头条、头条问答、头条评测、头条专辑。

4．"有好货"作为四大"金刚渠道"之一，重点推荐什么类型的产品效果比较好？

答：主要是品牌类，如奢侈、轻奢品牌，知名高端品牌，小众品牌，设计师品牌，潮牌。新品也可以作为"有好货"重点推荐品。

5．新微淘商家一共分几个等级，等级考核有几个维度？

答：分为L1到L6这六个等级。考核维度有粉丝价值分、微淘健康分、内容质量分。

6．如果想做公域内容，怎么才能与达人合作呢？

答：可通过手淘首页各个渠道找创作者或创作者机构，也可以通过"V任务平台"联系达人，或者通过社群联系达人。

第5章

整合营销

本章要点：
- 整合营销的概念和优势
- 内容营销中常见的整合营销方式

5.1 整合营销的概念和优势

整合营销，是指将市场上各种手段用于企业宣传或产品销售的过程，作为有目的的营销推广，也是前有计划后有结果的一个可衡量的过程。整合营销需要整合视频、图文、平面广告等多种传播手段，以不同手段打造一致印象，追求同一个效果，以达到营销效果最佳的目的。

1+1=2 是标准的算式。但在营销策划中，1+1 的结果通常大于 2。因为不同的传播载体有着不同的长处，好的整合营销能给整个宣传一个酝酿、发酵的过程，事前规划好每个项目，它们互相配合实现的结果往往远超单项叠加的效果。整合营销能让整体的营销形式更丰富、传播人群更多样、时间控制更准确，最终实现营销结果最优化。

5.2 内容营销中常见的整合营销方式

整合营销需要多种传播形式的配合，常见的思路有以下几种。

1. 从流程上考虑：预热 + 高潮

一场成功的销售活动，有高潮的"临门一脚"，也少不了预热时的"煽风点火"。一次周全、完整的内容营销，会有"预热 + 旺销 + 收尾"的过程，也自然有针对流程中不同时期的需求做出的安排。

2. 从能力上考虑：内修 + 外力

在内容营销时代，我们每一个人都是内容的创作者。但是有时候个人能创作很好的内容，却还没有太大的传播影响力。为了促进销售，我们常会在产出内容之外，再求助有影响力的内容专家来发布内容，以达到更好的宣传效果。

3. 从表现形式上考虑：视频 + 图文

流畅的视频配合吸引人的音乐对产品做展现，可以达到影响潜在用户购买的效果。而图文则以更不扰人的姿态，借助更适于大篇幅阐述的优势，对产品做细致的展现。这样"动静结合"得到的当然是最美的文章。

4. 从人群来源上考虑：站内 + 站外

"站内"通常指的是网络销售最为直接且有稳定客户和影响力的产品销售平台，如淘宝、天猫。"站外"是与固定的产品销售平台相对应的，购买人群集中的其他平台。无论站内实力多强大，都不如站外强大。而站外的人再多，也不如站内的需求大、直接转化率高。所以站内与站外两手都要抓。

5.2.1 图文 + 直播

淘宝直播是现在正"当红"的内容营销手段。淘宝直播达人专注于某一个领域，吸引固定粉丝群体，然后利用粉丝关注的产品实现变现。

直播主播们在内容运营上的重点是粉丝扩张、粉丝黏度，以及产品的合理展现。在经营中我们会发现，直播的优点——即时性也是它的缺点。粉丝们不知道哪天有重要商品的促销怎么办？现场说了一遍有的人没听清楚想再听怎么办？直播时粉丝不能及时赶到怎么办？这个时候，同是淘宝内容营销主力的微淘图文发布就能给予有效的配合。

下面案例中的女装店铺，优先使用微淘曝光产品的优点和细节，而后再次巧妙地强调产品的品质，通知客户上新时间，并提出优惠措施，从而达到两相呼应的效果。

以高级定制为主要市场定位的阿布家，虽然只是一家个人集市淘宝店，却有着自己做设计、用好材料做好服饰的心，图 5-1 所示为阿布的直播间。

店主阿布的流量来源以直播为主，配合微淘的定期预告，定时促销直播中发布的服饰。首先要在材料上让人相信，所以阿布家在微淘发布面料现场裁剪的视频做预热，如图 5-2 所示。

图 5-1　店主阿布直播间

图 5-2　阿布直播面料裁剪

在产品上新前，对产品的上新做出简要的介绍，直播促销预告，如图 5-3 所示。

图 5-3　直播预告

虽然阿布家的衣服客单价达到了 1500 元以上，但因为有着长久的铺垫和直播吸引来的粉丝，所以生意很好。

相对来说，这样的操作方案对女装类目是非常合适的。在产品大批上新时，我们就常常使用图文加直播的形式做"破零"的新品宣传。

图文要点：用图片加文字说明的方式为产品做介绍。用图片展现服饰的细节、材质和设计背后的故事。

直播要点：用直播展现产品穿上身的真实效果，与粉丝现场互动，做"临门一脚"的限时促销。

5.2.2　微淘 + 达人

在"618""双 11""年货节"等促销活动来临之前，无论是直通车、钻展还是淘宝客，费用都会上涨，资源位置紧张。而补充新流量最为有效的办法就是与达人合作，争取在关键时期能得到淘宝首页的曝光流量。

一般商家的自营微淘，虽然内容持续更新，也非常有意思，但阅读量一般在"三位数"以内，这样对于锁定老客户的关注是有用的。我们也能通过对内容的经营，加上适当发放优惠券，在一段时间里得到更多老客户的回报，如图 5-4 所示。

但是要吸引新客户就非常难了。一是曝光量不够，二是粉丝来源单一。但如果这些内容是在粉丝群体关注的达人群里发布的，就会有事半功倍的效果。比如图 5-5 所示的案例，内容在优质达人群里发布，得到了淘宝首页曝光的流量，于是有了一万多次的阅读量。

图 5-4　微淘内容（1）

图 5-5　微淘内容（2）

建议大家平时就和一些类目相关性强的达人合作，选出"性价比"高的达人，在"618""双11"等大促活动之前要先预约，在正常流量以外争取来自淘宝定向首页的推广机会。

微淘要点：每日更新，保证微淘等级不降，这样会有较高的发布权限。大促来临之前，利用微淘专用优惠券，先行"消化"部分急于采购的客户，通过"抢楼"等微淘活动在大促前持续吸引老客户群体关注。

达人要点：寻找与自己类目相关度高的达人，以达人客户群体的活跃度为首要考虑因素。若与第一梯队的达人合作时间不合适，可以考虑和一个或几个第二、第三梯队的达人合作，与更多达人合作能争取更多的首页曝光机会。

5.2.3　视频 + 图文

品牌宣传、爆款促销常常采用视频与图文相结合的方式，对品牌或产品进行多面性展现、趣味性挖掘。

视频要点：视频与直播不同，直播的优势在于真实性、即时性，影响时间仅为直播期间。而视频可以做更多的谋划，重点刻画某些想要宣传的点，可以更注重特色化、戏剧化、趣味性。这样创作的目的也是为了让视频有更吸引人的特点，能让大家更愿意分享，从而提升影响力。

图文要点：有趣的视频与实在的图文是一组最佳搭档。图文适于呈现专业性的内容，更有权威性，在提升信任度上有着更大的优势。

5.2.4 站内 + 站外（流量的扩大）

对于部分店铺来说，转化好来自站内的一部分流量（比如玩好自然搜索，玩好直通车，玩好淘宝直播等）就能赚取很高利润了。但对于一些大品牌来说，站内流量已经不能满足，还需要在站外推广获取流量。淘宝推送、直通车站外定向推广、站外钻展位置等，都是有效的引流途径。

对于想要引入更多流量，抢占市场份额的企业来说，推广内容如何让用户不反感而且愿意传播，是研究的重点。每年"618""双 11""双 12"期间，京东都会面临怎么与淘宝抢流量的难题。京东除了在内部推送活动信息做促销预热，"锁住"原有消费人群外，还会在外部通过线下广告和微博做宣传，如图 5-6 所示。

图 5-6　活动促销预告

特别是微博投放，往往能引发网友的互动，实现"小投入，大回报"，如图 5-7 所示。

图 5-7　相关评论

对品牌影响力有更高层次需求的商家，需要优先考虑合作形式。

站内合作要点：在达人"软性"合作方面广撒网，以多元化曝光为目的，广而告之。

站外合作要点：一般站外较为有影响力的合作渠道多为微博或微信公众号。无论微博还是微信公众号，强调粉丝的多少不如分析账号的客户群体针对性是否合适，粉丝活跃度高不高。与之合作的内容，要有与粉丝沟通、互动的"点"，基于平台的性质，吸引人们转发，这样营销会事半功倍，带来更好的效果。

问题思考

1. "有淘宝直播条件的就做直播来扩大影响力，微博粉丝多的就多在微博上卖东西。"这样说对吗？

答：每一个平台都有自身的长处和局限。比如淘宝直播的长处是适合销售商品，但在品牌影响上来说比较局限于淘宝购物人群。而微博的长处是影响力较大，短处是直接购物会有一些不方便。所以我们需要合理借助不同的平台，发挥该平台的最大优势。

2．整合营销一定比单种途径做宣传效果好吗？

答：市场瞬息万变，每一种营销方式都有相应的成本支出。只是简单地叠加推广手段，有可能是无谓地增加运营成本。在正确分析自我实力和宣传需要后，有计划地整合各种营销方式，才能实现 1+1>2 的效果。

  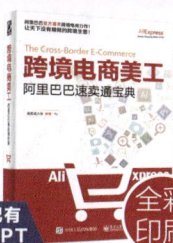  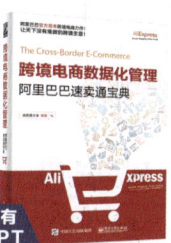